KB169643

나는 옐로에 화이트에

약간 블루 2

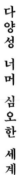

브래디 미카코 지음

김영헌 옮김

나는 옐로에 화이트에 약간 블루

2

다양성 너머 심오한 세계

다다
서재

인간의 본질에 대해 내가 정말로 아는 단 한 가지는,
인간은 변한다는 것이다.

°오스카 와일드

라이프란, 그런 거잖아.

°우리 집 아들

차
례

일러두기

1. 이 책은 월간지 『나미(波)』(2019년 5월호~2020년 3월호)에 연재한 글을 모아 출간한 것입니다.

2. 본문의 각주는 옮긴이의 것입니다.

3. 외래어는 국립국어원 외래어 표기법을 준수하되, 일부는 일상에서 널리 쓰이는 표기를 따랐습니다.

1

재활용과 불편한 마음 사이에서

딱히 '곤도 마리에° 열풍'에 휩쓸린 것은 아니었다. 하지만 우리 집에도 한번 구입한 것은 버리지 못하는 인간(배우자)이 있기 때문에 쓰지 않는 물건을 모조리 치우는 장대한 대청소를 시작하게 되었다.

'DIY 장담 사기꾼'인 배우자는 일요일마다 할인을 하는 목공용품점에서 욕조나 마루의 바닥재, 문 같은 걸 사 와서 수십 년이나 방치하는 버릇이 있다. 우리 집 차고와 좁은 집 안에는 그런 물건들이 쌓였고, 결국 생활공간이 현저하게 잠식당하는 심각한 문제가 되었다. 치우려고 해도 「곤도 마리에: 설레지 않으면 버려라」에 나오는 사람들처럼 검정 쓰레기봉투로 처리할 수 있는 규모가 아니었다.

건설기기 대여업체에서 폐기물을 담는 컨테이너, '스킵^{skip}'

°   일본의 정리 전문가. 여러 베스트셀러와 넷플릭스 오리지널 시리즈 「곤도 마리에: 설레지 않으면 버려라」로 전 세계적인 인기를 얻으며 정리정돈 열풍을 일으켰다.

을 빌렸다. 영국에서는 집을 개축하거나 고칠 때 커다란 스킵에 공사 폐기물을 버리고 크레인으로 트럭에 실어서 나른다.

우리 집은 개축하는 것도 인테리어 공사를 하는 것도 아니고 그저 정리하는 것이었는데 스킵이 필요했다.

트럭이 대형 스킵을 가져왔다. 그것만으로도 집 앞 정원이 가득 찼지만 배우자는 물건 버리기를 무엇보다 어려워하는 인간이라 "아까워." "언젠가 진짜 만들 거야."라며 꾸물거렸다. 그래서 폐기물이 스킵을 20퍼센트 정도 채운 단계에서 더 이상 진도가 나가지 않았다.

그러던 어느 날의 일이다.

휴일 아침 6시경, 2층 침실에서 자고 있는데 쿵쿵, 탕탕, 하는 커다란 소리가 났다. 집 앞에 스킵이 있는 걸 떠올린 나는 침대에서 벌떡 일어났다. 반사적으로 누군가 쓰레기를 버리러 왔다고 생각한 것이다. 집 앞에 스킵을 두면 정신없는 틈을 타서 동네 사람들이 대형 폐기물을 가져와 버린다는 이야기를 종종 들었기 때문이다. 배우자가 스킵을 갖다 놓고 물건을 버리지 않으니 옳다구나 하고 누군가 활용하러 왔겠지.

복도로 나가보니 아들도 방에서 나와 있었다. 둘이서 창밖을 내다보니 이미 배우자가 목욕가운에 슬리퍼 차림으로 정원에 나가 스킵 옆에 서 있는 키 큰 남성에게 무언가 말하고

있었다. 남성은 앵글로·색슨계는 아니었다. 조금 떨어진 곳에
는 하얀 밴이 서 있었다. 자동차 옆에 서 있는 여성은 땅에 닿
을 만큼 기다란 스커트를 입고 머리에는 네커치프 같은 천을
두르고 있었다.

갑자기 배우자가 성큼성큼 집에 들어오는 게 보였다. 스킵
옆에 있던 남성도 배우자를 뒤쫓듯이 따라오더니 현관 앞에
섰다. 틀림없이 고함치며 화를 낸 배우자한테 앙갚음하려는
거야. 현관 옆에 쌓아둔 빨간 벽돌(역시 'DIY 장담 사기'의 산
물)이라도 창문에 던지면 어떡하지. 그런 걱정을 하는데 배
우자가 다시 현관문을 열고 밖으로 나갔다. 웬일인지 아들이
몇 년 전까지 타던 자전거를 들고 있었다.

자전거를 건네받은 남성은 하얀 밴으로 총총거리며 걸어
갔다. 밴에서 다른 남성이 내리더니 자동차 뒤쪽 문을 열고
자전거를 차에 실었다. 배우자가 집 안으로 들어와 문을 잠그
는 소리가 들렸다.

나와 아들은 서둘러 1층으로 내려갔다.

"고철을 모으는 이주민이었어. 영어는 거의 모르네. 자전
거도 줬어. 아직 버릴 게 많이 남았으니까 정기적으로 와보
라고 했는데, '에브리데이, 에브리데이.'라고 하더라. 또 올 것
같아."

"그럼 저 사람들은 쓰레기를 버리러 온 게 아니라 쓰레기를 가지러 왔다는 거야?"

졸린 눈을 한 아들이 물었다.

"어, 쇠로 만든 대형 쓰레기를 찾는다고."

"그런 쓰레기를 가져가서 어쩌려고?"

"고철을 모으는 곳이 있으니까 거기에 파는 거야."

"돈이 되는 거야?"

"별로. 저번에 나도 자동차 배터리를 다섯 개나 가져갔는데 30파운드 주더라. 가져가는 수고랑 기름값을 생각하면 거의 남는 게 없었어."

"왜 자동차 배터리를 다섯 개나 가지고 있었어?"

이번에는 내가 묻자 배우자가 말했다.

"교환할 때마다 자연스럽게 차고에 보관하다 보니까…."

그러니 물건이 계속 쌓였지. 어이없어하면서 창문 너머로 멀어지는 하얀 밴을 바라보았는데, 어디선가 본 적 있는 장면 같았다. 그러다 깨달았다. 아아, 「베네피트 스트리트Benefits Street」다.

2014년에 영국의 지상파 방송국 채널4가 방송했던 「베네피트 스트리트」는 주민의 대부분이 기초생활보호수급자인 실제 동네를 밀착 취재한 다큐멘터리다. 방송 당시에는 '빈곤

포르노'라는 평을 받기도 했고, '차브chav'°라고 불리는 계층을 스테레오타입으로 그려서 악마화하려는 보수파의 프로파간다라고 비판받기도 했다. 아무튼 그 방송의 2회에는 루마니아에서 이주한 가족이 등장했다. 영국에 온 지 얼마 안 된 그들은 허름한 집에 대가족이 거주했고, 하얀 밴으로 주변을 돌며 모은 고철을 팔아서 생계를 유지했다.

"꼭 「베네피트 스트리트」의 루마니아 가족 같네. 고철을 잔뜩 모아도 매입처가 가격을 후려쳐서 먹고살기도 무척 힘든 가족이 등장했었지…."

내 말에 배우자가 깜짝 놀란 표정으로 나를 보았다.

그 방송에서는 길가에 버려진 대형 폐기물을 가져가는 이주민 가족에게 「베네피트 스트리트」의 가난한 사람들이 지독한 욕을 퍼붓기도 했고 작업을 방해하기도 했다. 자기들이 필요 없어서 버린 쓰레기를 가져가려는 사람들에게 왜 그렇게 화가 나는지, 그들은 증오를 노골적으로 내보였다.

"내가 집에서 나갔을 때, 분명히 화를 낼 거라고 생각했을 거야."

"이미 여러 곳에서 많은 말을 들었을 테니까. 게다가 갑자기 슬리퍼를 신고 나갔으니…."

"그 사람이 현관 앞에 다가올 때 공격하지 않을까 싶었어."

°　2000년대에 등장한 말로 처음에는 '상스러운 언동이 특징인 하층 계급 젊은이'를 뜻했지만, 현재는 저렴한 공영단지에 거주하는 백인 노동자 계급을 가리킬 때도 쓰이고 있다.

아들이 말했다.

"내가 '웨이트. 저스트 웨이트.'라고 말하고 자전거를 가지러 가니까 잠자코 따라온 거야."

왠지 배우자의 눈가가 젖어 있었다.

"자동차 안에 어린 아이도 타고 있었어. 진짜 가족 사업인 거야… 좋았어. 쇠가 조금이라도 있는 대형 폐기물은 전부 스킵 옆에 두자. 스킵은 꽤 깊어서 안에 넣으면 꺼내기 힘드니까."

빈곤한 아일랜드 이주민 가정 출신인 배우자는 이런 사정에 무척 약하다. 그날을 계기로 그는 늦었지만 소매를 걷어붙이고 다시 대청소를 하기 시작했다.

미시적인 관점은 중2병?

이튿날부터 루마니아 출신 이주민 가족은 정말 우리 집에 매일 찾아왔다. 덜컹덜컹 소리가 나서 창밖을 내다보면 배우자가 스킵 옆에 따로 둔 철제 등받이가 붙은 벤치나 낡은 보일러 같은 것을 남자들이 하나씩 짊어지고 하얀 밴에 실어서 갔다.

어떻게 그들이 루마니아 출신인지 알았냐면, 배우자가 이 따금씩 그들과 대화하게 되었기 때문이다. 일행 중에는 영어를 꽤 잘하는 젊은 남성도 있다고 한다. 대체 몇 명이 함께 일을 하는지는 몰랐지만 올 때마다 새로운 멤버가 끼어 있었다. 때로는 나이 많은 여성이 있었고, 위아래로 저지 운동복을 입은 10대 소녀가 온 날도 있었다. 정말로 「베네피트 스트리트」에 나온 이주민 가족 같았다.

나흘째 되던 날이었다. 배우자가 전 직장의 로고가 들어간 노란색 안전조끼를 대여섯 벌 찾아내더니 "지금 직장에서는 못 입으니까."라며 스킵 안에 버렸다. 여느 때처럼 고철을 찾으러 온 남성들은 그 조끼를 보고는 비닐봉지에서 꺼내어 입어보기 시작했다. 남성 중 한 명이 하얀 밴을 향해 소리치자 초등학생 정도 되어 보이는 소년이 차에서 내려 조끼를 받아 들었다. 조끼를 입어본 소년은 기쁜 듯이 깡충깡충 뛰었다. 자기도 어른들처럼 된 것 같아 기분 좋은 모양이었다. 소년은 신이 나서 어른들이 철제 파이프 옮기는 걸 거들었다. 프랑스에서는 노란 조끼 시위°가 일어났는데, 내가 사는 브라이턴Brighton에서는 노란 조끼 노동이 펼쳐지는 건가. 그런 생각을 하면서 창밖을 내다보는데, 배우자가 차고에서 커다란 검정 쓰레기봉투를 들고 나왔다.

배우자는 남자들에게 무언가 말하고는 봉지를 건넸다. 남자 중 한 명이 봉지를 열어서 내용물을 꺼냈는데, 본 적 있는 무늬의 아기 옷이었다. 아들이 갓난아이일 때 입었던 옷이다. 배우자는 이런 물건을 두고 감상에 잠기는 성격이라 내가 재활용으로 내놓으려 했을 때 "이건 안 돼. 추억이 있으니까."라든지 "이거 입었을 때 엄청 귀여웠다고."라면서 어딘가로 가져갔었다. 그걸 여태 숨기고 있었다니.

노란 조끼를 입은 루마니아인 청년이 싱긋 웃고는 배우자의 어깨를 안고 악수를 나눴다. 그들이 하얀 밴을 타고 여느 때처럼 떠나간 뒤 배우자에게 물어보니 그 청년의 아내가 임신 중으로 곧 출산 예정이라고 했다. 배우자는 그들과 완전히 친구처럼 가까워졌던 것이다. 그들의 집에는 아이가 몇 명 있는 모양이니 아들의 옷 중에 안 입는 게 있으면 물려주자고 배우자가 말했다.

그날 저녁, 학교에서 돌아온 아들에게 작아진 옷을 모아 달라는 아빠의 말을 전했다. 아들은 "좋아."라고 말하고는 자기 방 옷장을 열고 옷을 꺼내기 시작했다.

"필요 없는 옷은 여기 넣어." 나는 아들에게 검정 쓰레기봉투를 주고 아래층으로 내려갔다. 그런데 조금 있다 아들의 방을 들여다보니 아들은 반쯤 채운 쓰레기봉투 옆에 가만히 앉아 있기만 했다. 다가가 말을 걸었다.

"왜 그래? 피곤해?"

"아니, 이런저런 생각이 들어서."

"무슨 생각?"

아들은 문가에 서 있는 나를 올려다보며 말했다.

"나는 내 쓰레기를 남한테 주려는 건가 싶어서… 이렇게 쓰레기봉투에 필요 없는 옷을 담는 나에 대해 좀 생각했어."

"아… 왠지 마음이 불편하구나."

"산 지 얼마 안 된 운동복이나 운동화는 봉투에 넣지 않잖아. 왜 그러는 걸까. 정말 남한테 무언가를 주고 싶다면 새걸 줘야 할 텐데."

"그러면 새것을 넣으면 되잖아."

"어? 그래도 이 운동화 계속 갖고 싶었던 건데…."

새 운동화를 꼭 쥔 아들을 보며 나는 말했다.

"나는 '준다'와 '재활용한다'는 다르다고 생각해. 이번에는 어쩌다 보니 누가 쓸지 알게 되어서 '준다'는 느낌이긴 하다만. 예를 들어서 저번에 엄마랑 같이 자선 센터에 재활용으로 헌 옷을 가져갔을 때는 누가 쓸지 몰랐잖아. 그때는 필요 없는 걸 모아서 공유한다는 생각밖에 안 했으니까 이런 고민은 안 했지?"

"응, 다른 사람한테 준다는 느낌은 아니었어."

"합리적인 행동을 한다는 의식밖에 없으니까 마음이 불편하지는 않았을 거야."

"확실히 아무렇지 않았어."

"그에 비해 일 대 일로 내가 '주고' 상대방이 '받으면' 아무래도 좀 감상적이 되게 마련이야. 그래서 '좋은 일을 했다.'나 '아냐, 이건 나쁜 일 아닌가.' 같은 이런저런 생각도 들고."

"맞아."

"한 발짝 떨어져서 보면 이번에도 재활용을 하는 거야. 그러니까 필요 없는 걸 세상에 다시 내보낸다, 일단은 그런 느낌으로 하면 좋지 않을까?"

나는 그렇게 말하고 반쯤 채운 봉투 속을 들여다보았다.

"게다가 필요 없는 걸 사회에 돌려보내는 것만 해도 '좋은 일'이야. 그조차 안 하는 사람이 꽤 많으니까."

"하하하." 아들이 웃었다. 집 안에 온갖 잡동사니를 쌓아둔 아빠를 놀린 것이라고 생각한 듯했다.

사실 아들이 말한 '불편한 마음'은 꽤 심오한 곳을 찌르고 있다.

매일 아침 우리 집에 와서 고철을 수거하고, 배우자가 예전 직장에서 입던 안전조끼를 줍고, 아들의 오래된 옷을 가져가는 사람들은 우리 집에 있던 필요 없는 물건을 활용하는 사람들이다. 거시적인 관점으로 보면 우리는 재활용의 순환 과정에 포함된 인간들에 불과하다. 그들이 가져간 대형 폐기물은 어느 재활용업자가 살 것이고, 다시 어딘가에 있는 공장으로 보내 무언가를 제조하는 데 쓰일 것이다. 노란 조끼와 아기 옷은 그들이 쓴 뒤에 다시 누군가에게 물려줄 수도 있고, 헌 옷 수거함에 들어가서 아프리카의 아이들에게 닿을지도 모른다. 필요 없는 것들이 먼 곳까지 여행을 계속하는 것이다.

그렇지만 미시적으로 우리 주위만 떼어놓고 보면, 우리가 필요 없는 물건을 건네고 그들이 받는 게 눈에 들어온다. 그 좁은 일부분만 보면 '주고' '받는' 구도라서 확실히 아들이 말했던 감정적인 불편함이 느껴진다. 그렇기 때문에 왜 내게 필요한 물건을 타인에게 주지는 못할까 하는 일종의 도덕적 또는 감정적 의문이 드는 것이다.

이럴 때는 미묘한 균형이 필요하다. 거시적으로 너무 치우치면 퍼석퍼석 건조해지고, 미시적으로 너무 치우치면 중2병이 되기 때문이다.

이런 생각을 하다 아들이 실제로 중학교 2학년이라는 걸 깨달았다.

아하하, 절묘하네. 혼자 감탄하며 웃음을 터뜨린 나를 의아한 듯이 보다가 아들은 다시 검정 쓰레기봉투에 옷을 담기 시작했다.

<hr/>

순환과 역류

그로부터 며칠 뒤, 우리 집 앞의 스킵이 3분의 2 넘게 채워졌을 무렵이었다. 어느 날 저녁, 근처에 사는 정육점 주인이 우리 현관을 노크했다. 마침 차고에서 쓰레기를 나르던 배우자가 그에게 다가가 무언가 이야기를 나누기 시작했다.

잠시 후 장갑을 벗으며 집 안에 들어온 배우자가 말했다.

"동네 사람들이 불만이래."

"뭐가?"

"우리 스킵이 불만이래. 우리 집에 매일 오는 루마니아인들이 동네를 돌면서 정원에 세워둔 애들 자전거나 버리는 게 아닌 물건까지 말없이 그냥 가져간다고."

"그걸 누가 봤대?"

"직접 본 녀석이 있나봐. 커뮤니티 센터(행정복지센터 같은 곳)의 펍pub에서 소문이 퍼지고 있나봐."

"…."

정육점 주인은 어떤 경위로 루마니아인 가족이 우리 집에 오게 되었는지, 언제 우리 집의 스킵을 업자가 회수하는지 등을 배우자에게 물어봤다. 그가 대놓고 말하지는 않았지만 '루마니아인들이 동네에 오는 걸 막아달라'는 주민들의 강한 요청이 말 한마디 한마디에서 엿보였다고 한다.

아이들의 세계는 더 노골적이었다. 이튿날, 학교에서 돌아온 아들은 근처에 사는 여자아이에게 불평을 들었다고 했다.

"우리 탓에 매일 루마니아인들이 동네를 어지럽혀서 다들 불편해한대. 그 사람들한테 쓰레기를 주는 걸 그만두라고 하더라."

정말로 슬슬 「베네피트 스트리트」 같은 전개가 된 것이다.

"걔가 '네 엄마는 중국인이지 루마니아인이 아니잖아. 그런데 왜 사이좋게 지내는 거야?'라고 했어."

"아니, 사이좋은 건 내가 아니라 아빠 쪽인데."

"응, 나도 그렇게 말했어. 그리고 엄마는 중국인이 아니라 일본인이라고 바로잡았고."

아들이 씩씩거렸다.

"정말로 정원에 둔 물건이 없어진 걸까? 아니면 그냥 소문인가."

"정말일 수도 있고, 아닐 수도 있어. 모르니까 우리도 되는 대로 말할 수는 없어."

"하지만 정말로 피해를 입었다면 경찰에 신고하는 게 맞잖아. 항의할 곳이 틀린 거 아닐까."

아들과 내 대화를 듣던 배우자가 말했다.

"내일 아침 루마니아인들이 오면 단도직입으로 물어볼게. 쉽게 가져가라고 내가 대형 폐기물을 스킵 옆에 두었는데, 혹시 그 때문에 영국인은 집 앞에 버리는 걸 두는 습관이 있다고 생각했는지도 몰라. 그렇게 오해하고 범죄를 저지르면 큰일이야."

이튿날 아침, 평소처럼 찾아온 청년들과 배우자가 스킵 옆에서 대화하는 것을 나는 2층 창문으로 봤다. 안 그래도 런던 토박이 특유의 억양이 심해서 외국인과 영어로 소통하기 어려워하는 배우자는 손짓 몸짓을 해가며 열심히 설명했다. 키가 큰 청년 세 명은 가만히 배우자의 이야기를 들었다.

"안 그랬다는데." 집 안에 돌아온 배우자가 말했다.

"당신 영어 제대로 알아들은 거지?"

"한 명은 이해했어. 아무것도 안 가져갔대."

그다음 날부터 루마니아인 가족은 발길을 뚝 끊었다. 아직 정리가 끝나지 않아서 배우자는 여전히 스킵 옆에 쇠가 붙은 쓰레기를 따로 두었지만, 그들은 쓰레기를 가지러 오지 않았다.

"무슨 일일까."

배우자의 말에 내가 답했다.

"당신이 그런 걸 물어봐서 마음이 상한 거 아냐?"

"그걸까? 아니면 우리한테 폐를 끼친다고 생각해서 오기를 그만둔 건가."라고 아들이 말했다.

"아니, 나는 그럴 셈으로 말한 게 아냐. 그리고 아직 고철이 잔뜩 있으니까 앞으로도 매일 오라고 얘기했는데…."

배우자는 왠지 쓸쓸해 보였다.

결국 루마니아인들은 그 뒤로 한 번도 대형 폐기물을 가지러 오지 않았다. 건설기기 대여업체가 스킵을 회수하러 왔고, 그렇게 우리 집의 대청소는 마무리되었다.

우리 집 정원에서 스킵이 사라지고 며칠 뒤, 집 앞에 다시 그 하얀 밴이 나타났다. 현관 초인종이 울려서 마침 학교에 가려던 아들이 문을 열었다. 루마니아인 청년 한 명이 검정 쓰레기봉투를 들고 서 있었다.

"굿 모닝." 청년은 인사하더니 아들에게 봉투를 건넸다.

나도 서둘러서 부엌에서 나갔다. 청년의 시선이 내 쪽으로 향했다.

"그거, 뭔가요?" 내 물음에 청년이 답했다.

"아기 옷, 필요 없어요."

"왜요?"

"아기는 태어났어요. 그런데 죽어 있었어요."

영어로 더듬거리면서 청년은 그렇게 말했다.

아들과 내가 할 말을 잃고 있는데, 아침 식사를 하던 배우자도 거실로 나왔다.

"그건… 안됐구나…. 와이프는 괜찮아?"

"네, 이제는 완전히 건강해요. 스킵은 이제 없네요."

청년의 질문에 배우자가 답했다.

"어, 회수해 갔거든. 한동안 쇠가 붙은 건 옆에 치워두었는데, 너희가 이제 안 오는 줄 알고 전부 스킵에 넣어버렸어."

"오케이. 땡큐. 땡큐 베리 머치."

청년은 오른손을 내밀어 배우자와 악수한 다음, 돌아서서 하얀 밴으로 걸어갔다. 차 안에서 노란 조끼를 입은 청년들과 고령의 여성이 우리를 보며 손을 흔들고 있었다.

떠나가는 밴을 향해 손을 흔들면서 아들이 말했다.

"그래서 한동안 오지 못했구나."

"옷은 그냥 버려도 상관없었을 텐데." 배우자가 중얼거렸다.

"재활용이 역류해서 돌아왔네." 아들이 나를 보며 말했다.

아들의 말대로 거시적인 관점으로 보면 이 일은 순환의 역류다. 그렇지만 미시적으로 보면 약간 감상적인 기분에 빠지게 마련이다.

스킵도 고철도 없어진 우리 집 정원이 묘하게 텅 비어서 쓸쓸해 보이는 것은 틀림없이 그 때문일 것이다.

2

변화는 일어날 것이다

— A Change is Gonna Come

2019년 뉴질랜드의 모스크에서 총기 난사 테러°가 일어났을 때, 저신다 아던Jacinda Ardern 총리가 스카프를 히잡처럼 머리에 두르고 나온 영상이 화제가 되었다. 사랑과 배려를 상징하는 모습이라고 보도되며 다양성과 연대의 중요성을 보여주었다는 상찬을 받았다. 그런데 그 때문에 예상치 못한 지점에서 불쾌해진 사람이 생겼다.

내 이란인 친구의 이야기다.

신선한 연어를 손에 넣은 김에 연어 초밥을 만들어서 일식을 좋아하는 그와 함께 모처럼 근사한 주말 점심을 즐기려고 했다. 스카프를 머리에 두른 아던 총리가 텔레비전에 나오자 친구가 말했다.

"물정 모르는 대학생이 감상에 젖어서 저런 걸 한다니까."

° 2019년 3월 15일 뉴질랜드 크라이스트처치의 모스크(이슬람사원) 두 곳에서 호주 국적의 브렌턴 태런트가 총기를 난사해 50여 명의 사망자와 수십 명의 부상자를 낸 사건.

"대학생이 아니야. 저 사람은 뉴질랜드 총리."

내 말에 친구는 깜짝 놀랐다.

"어? 여성 총리라는 건 알았는데, 저렇게 어렸어? 대학생인 줄 알았네."

"이교도가 히잡을 둘러서 그래?"

"이교도든 뭐든 아무래도 상관없는데."

그렇게 말한 친구는 일본인 못지않은 유려한 젓가락질로 연어 토막을 집었다. 친구는 와인을 꽤 마시기도 하고, 독실한 무슬림은 아니었다. 그런 걸 잘 알고 있었기 때문에 나도 종교적인 문제는 아닐 거라고 짐작했다. 다른 이유가 있는 것이다.

"저 영상을 보고 기분 나쁜 무슬림이나 전 무슬림 여성이 많을 거야."

친구가 말했다.

"히잡은 여성에 대한 억압과 차별의 상징이니까, 한 나라의 리더라면 더더욱 쓰지 않았으면 좋겠어. 대학생이라면 감상에 젖어서 그랬나 보다 이해하겠지만."

친구가 돌아간 다음 아들이 내게 물었다.

"히잡이 그렇게 나쁜 거였어?"

아들은 초밥도 회도 싫어해서 먼저 점심을 먹고 거실 한

구석에서 스마트폰으로 놀고 있었는데, 실은 우리의 대화를 듣고 있었던 것이다.

"학교 선생님들은 뉴질랜드 총리를 극찬했거든. '대단한 결단이야. 무슬림은 모두 마음이 든든했을걸.'이라고…"

히잡을 억압의 상징이라고 말한 친구는 무슬림 페미니스트다. 그는 더 이상 히잡을 쓰지 않고, 대학생인 딸에게도 씌우지 않는다. 친구의 말이 왠지 이해되는 건 나 역시 일본에서 '규슈의 가톨릭교도'였기 때문일 것이다. 규슈의 가톨릭은 도쿄나 오사카에 비해 훨씬 토착성이 강하고, 낡은 종교적 습관이 잔뜩 남아 있다. 규슈에서 가톨릭교도 여성은 미사에 참석할 때 반드시 베일을 써야 했다.

"모든 남자의 머리는 그리스도요, 모든 여자의 머리는 남자요, 그리스도의 머리는 하나님", 그리고 "무릇 여자로서 머리에 쓴 것을 벗고 기도나 예언을 하는 자는 그 머리를 욕되게 하는 것"이라고 신약성서의 고린도전서에 쓰여 있다. 왜 여자의 머리가 남자인가, 왜 여자만 기도할 때 머리를 천으로 덮어 가려야 하는가, 나는 이런 내적 갈등을 기억하기에 친구의 생각을 이해할 수 있었다.

"이란에서 여성은 공공장소에 있을 때 반드시 히잡을 써야 해. 성가셔도, 싫어도, 벗을 수 없어. 여성에게 히잡을 벗을 권리가 있다고 투쟁한 사람은 투옥되기도 했고 채찍으로 맞는 벌을 받기도 했어. 그런 히잡이 평화의 상징이라고 하니까 '무슨 소리야?' 하는 사람도 있는 거야."

"학교 선생님은 그런 얘기 안 했어…"

아들은 충격을 받은 듯한 얼굴로 이야기를 들었다.

"그런데 사실 무슬림 중에는 여성이 히잡을 쓰는 게 뭐 어떠냐고 생각하는 사람도 많아. 그런 사람들에게는 뉴질랜드 총리의 모습이 선생님 말대로 든든했을 거야."

"…응."

"이런 문제는 말이지. 그거랑 비슷해. 가끔 엄마가 일본인이라는 걸 알고 가슴 앞에 손바닥을 모으면서 인사하는 사람 있지? 일본인은 다른 사람이랑 만날 때 그렇게 인사하지 않는데 말이야. 그냥 일본인은 그런 식으로 할 것이다, 하고 어렴풋한 이미지만 있는 거야."

"잘못된 이미지인데."

"그래도 일일이 '틀렸어요.'라고 설명하기는 귀찮고, 그들은 그들대로 친밀감을 드러내려고 했을 거라 생각하니까 엄마는 그냥 웃고 넘겨."

"엄마는 확실히 그러기는 해."

"그런데 달리 말하면 엄마가 저 사람들의 일본에 대한 이해는 저 정도라고 체념했다고도 할 수 있어. 당연히 엄마처럼 체념하지 않은 사람들도 있어. 당신들이 정말로 다양성과 관용을 중시한다면 히잡을 쓴다든가 손바닥을 모아 인사한다든가 하는 행동에 그치지 말고 더 나아가주세요, 하는 사람들. 정말로 일본인이 손을 모아서 인사하는지, 왜 무슬림 여성은 히잡을 쓰고 있는지, 그렇게 행동 너머에 있는 걸 제대로 생각해달라고 말이야."

테이블에 턱을 괸 아들이 진지하게 말했다.

"곰곰이 생각하는 게 중요하구나."

"응, 간단히 말하면 그런 얘기야."

"누군가를 곰곰이 생각한다는 건 그 사람을 존중한다는 뜻이니까."

아들의 말을 듣고 나도 그렇구나, 하고 생각했다.

여성주의적 관점에서, 그리고 종교적 관점에서 왜 백인 여성이 히잡을 썼느냐는 비판도 있다. 하지만 그 모습을 탐탁지 않게 여기는 일부 무슬림의 분노는, 아들의 말을 빌리면 '존중을 받지 못했다'고 느꼈기 때문인지도 모른다.

그렇게 생각하면 나 같은 사람은 존중받지 못하는 것에 너무 익숙해져서 누가 손바닥을 모아서 인사해도 화내지 않고 오히려 고마움을 느껴버리는 건가.

그 너머로 나아가는 것. 그 너머까지 이해하는 것. 그런 변화는 이쪽이 원하지 않으면 일어날 리가 없다.

터번을 두른 엄마와 다시 만나다

아들의 학교는 봄이면 음악부에서 개최하는 콘서트 준비가 한창이다. 12월 콘서트는 항상 크리스마스 음악이 주제지만, 봄의 콘서트는 매년 주제가 다르다. 그 전에는 '데이비드 보위'와 '영화음악' 등이 주제였는데, 올해(2019년)는 '더 핑크 소울 디스코'가 주제라고 했다.

콘서트를 앞두면 일단 음악부 내에서 밴드 오디션을 치른다. 거기서 떨어진 밴드는 콘서트에 출연할 수 없다. 아들이 속한 (아직 이름 없는) 밴드도 멤버들이 열심히 연습해서 오디션에 도전했지만, 허무하게 떨어졌다. 리드보컬인 팀이 갱스터처럼 무대를 걸어 다니며 랩을 하다가 기타와 이펙터를 연결한 케이블에 발이 걸려서 넘어졌기 때문이라고 아들은 믿고 있지만, 진위는 확실하지 않다.

결국 아들은 이번에도 음악부 전원이 출동하는 빅밴드에만 기타로 참가하게 되었다. 아들은 매일 자기 방에서 템테이션스의 「파파 워즈 어 롤링 스톤Papa Was a Rollin' Stone」에 월터 머피의 「어 피프스 오브 베토벤A Fifth of Beethoven」까지 펑키한 곡들을 연습했다.

콘서트는 부활절 휴가 전주에 학교 강당에서 이틀 밤 연속 열린다.

"까다로운 기타 솔로를 연주해야 해서 긴장돼."라는 아들을 공연 시작 30분 전에 학교로 보내고, 나도 강당 입구 옆의 복도에서 진열대를 준비했다. 내가 참여하는 교복 재활용 자원봉사 그룹인 '재활용 부대'가 올해부터 음악부 공연장에서도 교복 판매를 하게 되었기 때문이다.

탁자 위에 수선한 교복들을 두고 S와 M 같은 사이즈가 적힌 종이를 탁자 가장자리에 셀로판테이프로 붙이는데, 벌써 강당 앞에 관객들이 줄을 서기 시작했다. 공연 시작 10분 전에 문을 열지만, 공연 30분 전에 집합해야 하는 음악부원들을 배웅한 보호자들이 일찌감치 줄을 선 것이다.

행렬 중에 아는 얼굴이 있어서 "안녕."이라든지 "오랜만."이라며 인사했다. 잡담하면서 교복을 정리하다 보니 행렬 뒤쪽에 서 있는 낯익은 가족이 눈에 띄었다.

오렌지색과 초록색의 화사한 긴 원피스를 입고 노란색 터번을 머리에 두른 여성, 그 주위에 있는 아이들. 작년에 아들의 반으로 전학을 온 아프리카계 소녀의 가족이었다. 노란색 터번을 두른 엄마 옆에는 밀짚으로 만든 중절모를 쓰고 눈부신 파란색 셔츠를 입은 멋스러운 중년 흑인 남성이 서 있었다.

안 그래도 아들의 중학교는 재학생 대부분이 백인 영국인이라 흑인은 눈에 띈다. 거기에 컬러풀한 패션이 더해지니 그들 주위만 다른 세계 같았다. 어두운 색으로 물든 행렬 중에서 그곳만 원색으로 빛나고 있었다. 소설가 가지이 모토지로의 단편소설 「레몬」에 등장하는 레몬의 색이 이런 느낌일까 생각했다.

가만히 바라보는 내 시선을 느꼈는지 터번을 두른 엄마가 내 쪽으로 다가왔다. 나는 무심결에 시선을 돌리고 괜히 탁자 위의 교복을 펼쳤다가 다시 갰다. 좀 어색했다. 작년에 이렇게 재활용 교복을 팔다가 말이 엇갈리는 바람에 그를 화나게 했기 때문이다.

작년 그날은 마침 아들의 학급에서 아프리카를 중심으로 이뤄지는 FGM^{female genital mutilation, 여성 성기 절제}에 관한 수업을 하고 며칠 뒤였다. 그 수업 후 여자아이들은 전학을 온 흑인 소녀도 방학 때 가족이 아프리카로 데려가서 FGM을 시키는 것 아니냐고 무책임하게 소문을 내기 시작했다.

그러던 와중에 재활용 교복 판매장에서 터번을 두른 엄마를 만난 내가 "휴가 때 어딘가로 가요?"라고 물어버렸다. 그는 내가 FGM 때문에 물어본 줄 알고 "아프리카에 돌아가지는 않으니까, 안심해요."라고 화를 내며 돌아서버렸다. 그런 뜻으로 한 말은 아니었지만 내게도 개운하지 않은 어두운 감정이 남았다.° 그 뒤로 그와 마주친 적은 없었다.

그래서 그가 맥 빠질 만큼 밝게 "헬로!"라고 말했을 때는 기습을 당한 기분이었다.

"헬로, 잘 지냈어요?"

나도 정신 차리고 인사를 건넸다. 그는 탁자에 놓인 교복을 집으며 말했다.

"체육복은 이것밖에 없어?"

터번을 두른 엄마가 말을 건 사람은 내 옆에 서 있던 재활용 부대의 다른 엄마였다.

그에게 나는 재활용 교복을 파는 자원봉사자 중 한 명에 지나지 않았다. 그리고 작년 그 무렵에 어쩌면 비슷한 경험을 더 했을지도 모른다.

시간은 나아가고, 사람도 나아간다. 애초에 상대방은 나 같은 건 잊어버렸을지도 모른다. 나는 그런 생각을 하며 교복을 보러 온 다른 사람을 상대했다. 내가 돈을 받고 교복을 비

° 『나는 옐로에 화이트에 약간 블루』 중 「지뢰밭 같은 다양성 월드」 참고.

닐봉지에 담고 있는데, 터번을 두른 머리를 숙이고 교복을 살펴보던 그가 갑자기 얼굴을 들더니 말을 걸었다.

"아들이 기타를 잘 친다면서요. 딸이 그러던데."

이번에도 기습을 당해 동요하면서 나는 답했다.

"아뇨, 특별히 잘하지는 않아요. 음악부 아이들은 모두 연주를 잘하니까."

"우리 딸도 음악부에 들어갔어요."

"그렇군요. 어떤 악기를 연주해요?"

"우리 딸은 노래. 싱어예요."

그는 그렇게 말하고는 재활용 부대 중 한 명에게 자신이 고른 교복 몇 벌을 건네고 지갑에서 지폐를 꺼냈다.

"다들 최선을 다해 연습했으니까 틀림없이 좋은 콘서트가 될 거야. 그럼 갈게요."

터번을 두른 엄마가 교복이 든 비닐봉지를 들고 가족에게 걸어갔다. 그에게 교복을 판매한 자원봉사자가 말했다.

"딸이 음악부에 들어간 뒤로 다시 등교하게 되었으니까요. 그래서 콘서트가 기쁜가 봐요."

"네?"

"몰랐어요? 저 사람 딸 작년 여름에 전학 온 뒤로 좀처럼 적응하지 못했대요. 여자아이들도 따돌려서 점점 학교를 빠지게 됐다고요. 교사랑 생활지도원이 몇 번씩 집에 찾아가서 설득해도 등교하다가, 또 빠지다가…. 전학 간다는 이야기까지 나왔는데 교장이 음악부에 들어가보라고 권했대요. 그 뒤로 매일 등교하게 되었다고 해요."

사정을 들려준 엄마는 학부모회 임원이기도 해서 그런 일을 자세히 아는 듯했다.

"저희 아이랑 같은 반인데, 그런 얘기는 전혀 안 해서 몰랐어요."

나는 그렇게 말하고는 칙칙한 행렬 속에서 유독 밝고 눈에 띄는 원색 가족을 바라보았다. 터번을 두른 엄마가 여학생들이 나눠준 콘서트 프로그램을 생글생글 웃으며 펼쳐 보는 게 눈에 들어왔다.

탄생, 소울 퀸

콘서트가 시작되고 지각한 보호자들도 모두 공연장에 들어갔을 무렵, 함께 교복을 판매하던 자원봉사자가 "아들 보고 와도 돼요."라고 해서 나도 조용히 공연장에 들어갔다. 다른 봉사자들이 교복을 판매하는 내일 밤에 공연을 보려고 나도 내일 공연 표를 구입해놓긴 했지만, 어차피 공연 중에는 아무도 교복을 사러 오지 않기에 복도에 있어봤자 멍하니 서 있을 뿐이었다.

객석 뒤쪽 구석에서 빈 의자를 찾아 앉았는데, 마침 빅밴드(즉, 음악부 전원)가 아서 콘리의 「스위트 소울 뮤직Sweet Soul Music」을 한창 연주하는 중이었다. 기타리스트들이 앉아 있는 열의 중앙에 아들도 기타를 들고 몸을 웅크린 채 진지한 얼굴로 연주하고 있었다. 체구가 작은 탓에 주위 아이들과 비교하면 그의 기타만 유독 커 보였다.

곡이 끝나고 이어서 시스터 슬레지의 「위 아 패밀리We Are Family」가 시작되었고, 그다음에는 더스티 스프링필드의 「선 오브 어 프리처 맨Son of a Preacher Man」으로 연주가 이어졌다. 빅밴드 뒤에는 좀더 높은 단이 있었고, 스무 명 정도인 합창단이 서 있었다. 한 명씩 교대로 리드싱어를 맡았는데, 리드싱어는 단에서 내려와 무대의 맨 앞에 있는 마이크 앞에 서서 노래했다. 단에서 내려오는 건 모두 어른스럽게 화장을 한 상급생 여자아이들뿐이었다. 소울과 R&B의 영향을 받은 팝송이 인기 순위를 석권하는 시대에 자라난 10대들답게 아델과 에이미 와인하우스를 방불케 하는 가창법으로 불렀고, 전부 미성을 자랑했다.

미리 출연자의 복장은 검정 또는 하양으로 맞추라고 공지했기 때문에 모두 검정 파카나 하얀 폴로셔츠, 티셔츠 등을 입고 있었다. 그런데 합창단 중 단 한 명, 목 언저리에 꽃잎 모양의 커다란 프릴이 달린 블라우스를 입은 여자아이가 있었다. 마치 꽃 한가운데에서 얼굴이 나온 듯 디자인이 화려했다. 하지만 그 아이가 눈에 띄는 건 옷 때문만이 아니었다. 합창단은 물론 빅밴드 전체를 아울러서도 무대 위에 서 있는 흑인 학생은 그 아이뿐이었다. 그래서 터번을 두른 엄마의 딸이라는 걸 바로 알았다.

여자아이가 합창단 속에서 노래하는 모습만 봐도 실력이 뛰어나다는 걸 알 수 있었다. 몸의 흔들림, 고개의 움직임, 지휘하는 선생님을 바라보는 눈빛. 이미 주위 아이들과 달랐다. 교대로 리드싱어를 맡는 건 모두 상급생이니 아들과 같은 학년인 저 아이는 맨 앞으로 안 나설지도 몰랐다. 하지만 사실 제일 뛰어난 건 저 아이 아닐까.

그런 생각을 하는데, 에이미 와인하우스의 「발레리Valerie」 연주가 끝난 다음 그 여자아이가 단에서 내려왔다. 사회를 맡은 교감이 마이크를 잡고 무대 끝에 섰다.

"다음에는 시간을 거슬러 올라가서 좀 조용한 곡을 들으려 합니다. 샘 쿡Sam Cooke의 유명한 곡으로 공민권 운동°을 상

° 흑인이 백인과 동등하게 투표와 공공시설 이용
등을 할 수 있는 권리를 요구한 운동.

징하는 노래이기도 하며, 지금까지도 사회를 좀더 좋게 바꾸려는 사람들에게 영향을 미치고 있습니다. 아시는 대로 그 곡은 「어 체인지 이즈 고너 컴A Change is Gonna Come」입니다.”

교감이 곡 소개를 마치자 바이올린을 맡은 아이들이 도입부를 연주하기 시작했고 브라스 밴드도 자리에서 일어났다. 빅밴드 버전 반주였다. 빅밴드 앞의 한가운데에서 터번을 두른 여성의 딸이 마이크 스탠드를 잡고 노래하기 시작했다.

“나는 강가에 있는 작은 텐트 속에서 태어났네. 그 뒤로 딱 그 강처럼 나도 계속 흘러가고 있어.”

엄청난 목소리였다. 열두세 살 여자아이의 노래가 아니었다. 놀라울 만큼 성숙한, 아레사 프랭클린Aretha Franklin처럼 블루스 느낌이 넘치는 따뜻한 음성이었다.

“정말 오랜 시간이 걸렸네. 하지만 나는 알고 있어. 변화는 일어난다고. 반드시 일어난다고.”

신나게 리듬을 타며 연주를 듣던 관객의 분위기가 단숨에 달라졌다. 리드싱어의 노래가 통념을 넘어서는 수준이었기 때문이다. 모두 진지한 얼굴로 뚫어져라 무대를 바라보았다.

“영화관에 가도 번화가에 나가도. 언제나 누군가가 여기서 어슬렁거리지 말라고 하네. 정말 오랜 시간이 걸렸네. 그래도 나는 알고 있어. 변화는 일어난다고. 반드시 일어난다고.”

작은 몸 어디에서 저런 힘이 나올까 싶을 만큼 힘이 넘치는 목소리로 아이가 노래를 불렀다. 아이의 목소리에 빅밴드의 연주가 묻힐 정도로 박력이 대단했다. 교회에서 가스펠송을 부르며 단련한 게 틀림없다고 생각했다. 저 아이보다 앞서 노래한 작은 아델이나 작은 에이미 와인하우스와는 가수로서 수준이 달랐다.

"더 이상 못 버티겠다고 생각한 적도 있었어. 하지만 지금은 믿고 있어. 내가 해나갈 수 있다고. 정말 오랜 시간이 걸렸네. 하지만 나는 알고 있어. 변화는 일어난다고. 반드시 일어난다고."

연주가 끝나고, 우레와 같은 박수가 터졌다. 티슈를 꺼내 눈물을 닦는 엄마도 조용히 가슴에 손을 대고 있는 아빠도 있었다. 환성을 지르는 사람이나 휘파람을 부는 사람은 전혀 없었다. 공연장이 떠나갈 듯했지만 정숙한 박수였다.

교감이 다시 마이크를 잡고 무대 끝에 나타났다. 그는 양손을 들어서 박수를 멈춰달라는 동작을 하고 박수가 잦아들기를 기다렸다가 입을 열었다.

"이런 노래야말로 소울이라고 불릴 수 있을 것입니다."

확실히 여자아이의 노래는 그야말로 소울이었다. 다시 박수가 일어났고 교감은 진정되기를 기다렸다 말을 이었다.

"이 곡을 만든 사람은 샘 쿡이지만, 그에게 영감을 준 사람은 밥 딜런이었습니다. 밥 딜런의 「블로인 인 더 윈드Blowin' in the Wind」라는 민중가요를 들은 샘 쿡이 감명을 받아서 자신도 이런 노래를 써야 한다고, 써도 괜찮다고 생각한 결과 나온 곡이 「어 체인지 이즈 고너 컴」입니다. 우리는 그런 사실을 기억해야 할 것입니다."

교감은 단 한 번도 '흑인'과 '백인'이라는 단어를 사용하지 않았다. 하지만 백인 밥 딜런이 인종차별에 저항하는 곡을 만들어서 흑인 샘 쿡이 그에 큰 영향을 받았다는, 인종의 장벽을 뛰어넘은 영감에 대해 이야기한다는 것은 분명히 전해졌다.

세 번째 박수는 좀처럼 멈추지 않았다. 작은 소울 퀸은 이미 제자리로 돌아가 합창단의 일원으로 서 있었다.

콘서트가 끝나기 전에 복도로 나가 재활용 교복 판매대로 돌아갔다. 마지막 곡까지 연주가 끝나고 문이 열리자 사람들이 일제히 공연장에서 나와 출구로 향했다.

터번을 두른 엄마를 비롯해 컬러풀한 일가족도 나왔다. 매대 앞을 지나칠 때, 그와 눈이 마주쳤다.

"따님이 정말 대단한 가수네요. 깜짝 놀랐어요."

내 말에 주위 사람들도 그에게 말을 건넸다.

"압도적으로 오늘의 베스트야."

"난 눈물이 났어. 좋은 노래를 들었어요."

아이의 노래에 대한 절찬이 이어졌다.

"모두 잘했어요. 다 함께 연습해서 다 같이 최선을 다했으니까 좋은 연주를 할 수 있었던 거예요. 우리 아이는 모두 중 한 명에 지나지 않아."

터번을 두른 엄마는 단호하게 말하더니 만면에 미소를 머금고 복도 반대편을 향해 손을 흔들었다.

하얀 꽃 같은 프릴이 달린 블라우스를 입은 여자아이가 합창단 아이들 몇몇과 즐겁게 이야기를 나누며 대기실에서 나왔기 때문이다.

저 아이는 모두 중 한 명.

그 말은 그저 겸손이 아니었다. 그에게 무척 중요한 의미가 있을지도 모르는 말이다.

엄마와 딸 역시 여기까지 온 것이다. 오랜 시간이 걸린 끝에.

3

논바이너리가

뭐야?

기말시험 둘째 날, 아들이 평소와 달리 침울한 얼굴로 학교에서 돌아왔다.

"왜 그래?"

내가 물어보자 아들이 답했다.

"수학 시험에서 실수했어."

수학은 그가 (드라마, 음악, 시티즌십 에듀케이션^{citizenship education}° 외에) 가장 잘하는 과목이니 실패한 게 충격이겠지만 저렇게까지 낙담할 필요는 없지 않을까 싶었다. 하지만 답안지를 받아서 보니 꽤 심했다.

"충격받았어?"

아들이 머뭇거리면서 내게 물어보았다.

"이건 좀 좋지 않네. 그래도 음악부 콘서트나 수영대회 같

°   민주주의와 정부, 법의 제정과 준수에 대한 학생
들의 인식과 이해 증진을 목표하는 과목으로 시
민교육, 정치교육 등으로 번역할 수 있다.

은 거 준비하느라 이번 학기는 바빴잖아. 괜찮지 않을까? 어쩌다 이럴 때도 있는 거야."

나는 아들에게 그렇게 답했다.

그러나 배우자는 가볍게 넘기지 않았다.

"뭐야, 이게! 장난치는 점수도 아니고. 대체 무슨 일이야!"

무턱대고 고함치며 화내는 소리에 나까지 깜짝 놀라서 계단을 내려갔다. 아들의 학업과 관련해 그가 이토록 화낸 적은 내가 기억하는 한 지금까지 없었다.

"어쨌든 시험 전에 공부했잖아. 그랬는데, 이 점수야?"

"이번에는 못하는 과목에 집중하느라 수학 복습은 별로 안 해서…."

"어이, 어이, 그 논리는 뭐야? 공부하는 시간은 커다란 파이를 나누는 거랑 비슷하지 않아? 못하는 과목을 오래 공부하느라 수학을 공부할 시간이 줄어들었다니, 그건 말도 안 되는 이유야. 그러면 전체 파이의 크기를 키우라고. 공부하는 시간 자체가 부족했으니까 이런 점수를 받은 거잖아."

아빠의 크고 탁한 목소리에 혼나면서 바닥을 보는 아들의 눈에는 눈물이 그렁그렁했다.

마치 자기는 어린 시절에 엄청 공부한 것처럼 말하는 저 사람은 대체 뭐지? 내 차가운 눈초리를 느꼈는지, 배우자가 목소리를 조금 낮췄다.

"물론 나라고 잘했던 건 아냐. 나도 공부는 싫어했으니까. 기말시험 같은 건 대충 봤고 성적도 나빴어. 하지만 그 결과 내가 지금 어떤지 봐. 삐걱거리는 몸에 채찍질을 하면서 밤새 덤프트럭을 운전하고, 쥐꼬리만 한 임금밖에 못 받아. 너는 나처럼 되지 않았으면 해서 말하는 거야. 부탁이니까, 나처럼 되지 마."

무뚝뚝하게 텔레비전을 보는 배우자의 뒤에서 아들이 눈물을 뚝뚝 흘렸다.

갑자기 40년 전으로 돌아간 것 같았다. 당시에 내 아버지도 내게 똑같이 말했기 때문이다.

나처럼 되지 마.

이 말은 전 세계적으로 노동자 계급 아버지가 자식에게 설교할 때 쓰는 영원한 단골 대사인 게 틀림없다.

당신처럼 되든 말든, 내 자유야, 영감탱이가!

반항적인 10대였던 나는 그런 마음을 담아서 아버지를 노려봤고, 아버지는 그 때문에 더욱 화를 냈다. 실제로 그렇게 말했다가 내게 밥상을 집어던진 적도 있었다. (당시는 국민적 가족 드라마의 주인공도 가부장이었던 시대다.)

그렇지만 아들은 나와 성격이 다르다. 말없이 터벅터벅 계단을 올라간 아들을 따라가서 보니 새빨간 눈을 한 채 침대에 앉아 있었다.

"저런 말 신경 쓸 필요 없어. '나처럼 되지 마.'라니 전혀 설득력 없잖아. 그들은 그걸 몰라."

내 아버지를 떠올렸기 때문에 나도 모르게 '그들'이라는 말이 나왔다.

"그게 아냐… 그게 아니라…."

아들이 다시 눈물을 흘리기에 나는 그 옆에 앉아서 등을 쓰다듬었다.

"자식한테 '나처럼 되지 마.' 같은 말을 할 수밖에 없는 아버지의 마음을 생각하니까 자꾸 눈물이 나서…."

"…아빠가 불쌍해졌어?"

"아냐, 불쌍하다든가 그런 게 아냐. 그냥 뭐랄까, 아까 상황이 슬펐어. 말하는 아빠도, 듣는 나도, 슬펐어."

'노동자 계급의 서글픔' 같은 감각을 어린 나이에도 알고 있구나. 10대 시절의 나는 그 무기력함이랄지 답답함이 너무 싫어서 반항이나 탈출 같은 것밖에 생각하지 않았다. 하지만 아들은 나와 다른 감성을 지니고 있다. 그가 내 아버지를 묘하게 잘 따르는 것도 그런 감성과 관련이 있는 것 같다.

나는 손등으로 눈물을 닦는 아들에게 말했다.

"자꾸 슬프다고만 해도 어쩔 수 없으니까, 뭣 좀 먹을래?"

아들이 나를 바라봤다.

"아빠가 반성이 부족하다고 할지 몰라."

그렇게 중얼거리며 걱정했다.

"반성을 해도 배는 고프고 음식은 먹을 수 있어. 아빠가 이러쿵저러쿵하면 엄마가 맞받아칠게."

"…그럼 뭔가 먹을까… 아빠도, 같이."

아들이 마음 써서 말하기에 나는 답했다.

"됐어. 아빠한테는 아무것도 안 줘."

두 명의 '레넌'

이튿날, 아들이 음악 시험 답안지를 가져왔다. 이번에는 내가 충격을 받을 차례였다. 답안지에 믿기지 않는 실수가 쓰여 있었던 것이다.

"뭐어어어어. 너, 존 레넌John Lennon 이름을 틀린 거야?"

"그렇게 써버린 걸 어떡해."

"닐 레넌Neil Lennon은 누구야!"

"셀틱° 감독(2019년 당시). 왠지 둘이 헛갈려서."

° 글래스고를 연고지로 삼고 있는 스코틀랜드 프로축구의 명문 팀.

나는 순간적으로 내 아들이 존 레넌의 이름을 틀렸다는 사실과 마주할 수 없었다. 12년 동안 했던 내 양육법이 전부 틀렸던 걸까. 이런 생각까지 들었다.

"그 이름만 틀리지 않았으면 만점이었는데. 두 군데나 점수가 깎였어."

쐐기를 박듯이 아들이 말했다. "비틀즈 멤버들의 이름을 모두 적어라." 하는 문제와 "그중 명곡의 탄생에 중심이 되었던 두 멤버는 누구인가."라는 문제에 전부 닐 레넌이라고 적어버린 탓에 (다른 멤버의 이름은 스펠링까지 완벽한데) 점수를 받지 못했다.

블루스의 발상지나 역사와 관련한 까다로운 문제를 비롯해 드럼과 기타의 부품 같은 것도 잘 답해놓고, 하필이면 존 레넌의 이름에서 헛발을 디딘 것이다.

이 실수에 관해서 배우자는 관용을 보였다.

"바로 얼마 전에 텔레비전으로 셀틱 경기를 봤으니까."

이렇게 태평하게 말이다.

"그래도 이 이름은 틀리면 안 되잖아!"

"뭐, 이번에 틀렸으니까 앞으로 다시는 안 틀릴 거야. 가끔은 실수할 때도 있는 거야."

저번 수학 시험 때와 비교하면 우리의 태도가 완전히 역전

되어 있었다.

그렇지만 달리 생각해보면 이제 영국의 아이들은 존 레넌의 이름을 틀리는 세대가 되었다는 뜻이다. 음악을 좋아하고 좋아하다 아예 영국으로 건너온 나 같은 구세대 일본인은 존 레넌이라는 신성한 이름을 모르는 인간이 있을 수 있느냐고 생각하지만, 요즘 아이들 입장에서 그런 건 시험을 앞두고 외워야 하는 수많은 인명 중 하나에 불과한 것이다.

"레넌은 성에 쓰기도 하지만 이름에 쓰일 때도 있잖아. 거기서 잠깐 망설이다 보니까 '어, 어느 쪽이었지.' 하고 더 헷갈려서… 학교에 레넌이라고 불리는 선생님도 있고."

"레넌? 혹시 전에 말한 논바이너리non-binary 선생님?"

배우자의 질문에 아들이 고개를 끄덕였다.

"맞아. 아마 진짜 이름은 레넌이 아닐 텐데. 본인이 그렇게 불리길 원하니까 레넌이라고 해."

"다른 선생님처럼 '미스터'나 '미스' 같은 경칭 없이 이름만 불러도 괜찮은 거야?"

"그런 걸 붙이면 논바이너리가 아니게 되잖아."

"그건 그렇네."

배우자는 얼마 전부터 흥미진진한 듯이 그 교사에 대해 아들에게 물어본다.

아들의 학교에는 논바이너리 교사가 두 명 있다. 영국에서
는 인기 가수 샘 스미스가 자신이 논바이너리라고 공표하여
큰 화제가 되었는데, '제3의 성'이라고도 표현되는 그 말은—
남성도 여성도 아닌—성별로 규정되지 않는 사람들을 가리
킨다.

아들의 학교는 LGBTQ° 교육에 힘쓰고 있다. 무지갯빛°° 목
걸이를 한 교사에게 아이들이 상담을 요청할 수도 있다. 교
장부터 무지갯빛 목걸이를 하고 있는데, 그 목걸이는 당사자
를 뜻하는 것이 아니라 그 분야의 연수 등을 받아 전문 지식
을 갖추고 있는 교사를 나타내는 표식이다. 그런 교사들 중
에 논바이너리도 있다. 그들은 각각 일반 교과인 과학과 미술
도 가르치고 있는데, 담당하는 반 아이들에게 첫 수업 시간
에 자신은 남성도 여성도 아니라는 사실과 자신을 어떻게 부
르길 원하는지 설명했다고 한다.

"그런데 '히he, 그'나 '쉬she, 그녀'라고 불러야 하는 상황에서는
어떻게 해?"

"최대한 대명사를 쓰지 않고 이름으로 부른다든지. 그럴
수 없을 때는…."

"그럼 '잇it, 그것'이라고 하나? 아기도 성별을 모를 때는 그렇
게 부르잖아."

"아니, 논바이너리 선생님은 '데이they, 그들'라고 불러달래. 첫 수업에서 그렇게 말했어."

"그런데 '데이'는 복수잖아. 복수가 아닌 걸 복수처럼 부르면 좀 혼란스럽지 않아?"

"다들 이해하고 그렇게 부르니까 혼란 같은 건 없지. 아빠는 예를 들어 어떤 상황을 걱정하는 거야?"

"그게 어린아이들 말야…"

의식이 높은 젊은이와 시대의 변화 속도에 따라가지 못하는 아저씨 같은 두 사람의 대화를 들으며 생각해보니 배우자는 그래도 게이 친구가 많은 편이다. 예를 들어 우리가 20여 년 전에 등기소에서 결혼식을 했을 때는 많은 동성애자들이 참석해줬다.

그렇지만 주로 런던에서 찾아온 배우자의 소꿉친구들은 노동자 계급 아저씨들로 다들 마초다운 사람들이었다. 그들은 결혼식 파티에서도 부자연스럽게 동성애자들과 거리를 두는 느낌이었다. 그에 비해 배우자는 그런 편견이 없는 시원시원한 성격이라 동성애자들과도 평범한 교우 관계를 맺었다. 그래서 배우자는 스스로 '나는 꽤 리버럴.'이라고 생각했을 게 틀림없다. 하지만 그런 그도 논바이너리 개념은 잘 소화할 수 없는 듯 항상 아들에게 질문 세례를 했다.

"어른의 말을 듣고 언어를 익히는 어린아이들은 확실히 헷갈릴 수 있겠네."

"그렇지? 나는 '데이'는 좀 이상한 것 같아. 한 사람밖에 없을 때는 역시 한 사람이잖아."

"음, 이상적으로는 '히'도 '쉬'도 아닌 단어가 있으면 좋을 텐데."

"아, 미국에는 이미 있대. '지ze'라든가 '비ve'라든가. 전에 텔레비전에서 봤어."

내가 끼어들자 배우자는 신기하다는 표정으로 말했다.

"벌써 새로운 단어가 나오고 있구나."

"새로운 단어는 항상 태어나고 있으니까."

내 말에 아들도 고개를 끄덕였다.

"미래에는 사람과 사람이 만날 때 먼저 자신을 어떤 대명사로 불러달라고 서로 밝히는 시대가 오지 않을까. 논바이너리 선생님이 그렇게 말했어."

"그렇게 되면 다들 자기 맘대로 대명사를 만들어서 큰일이 나지 않을까? 아무리 외워도 계속해서 새로 만들어질 테니까."

"결국에는 논바이너리의 대명사가 무언가 하나로 정해지지 않을까? 잘 모르겠지만."

귀찮다는 듯한 아들의 답을 듣고, 나는 말했다.

"그래도 각자 맘대로 자신을 가리키는 대명사를 만든다니 왠지 재미있는데. 나는 '키^{kie}'로 불러줘, 나는 '지^{gee}'가 좋아, 하는 식으로. 하하하, 상상만 해도 재밌네."

"그렇게 되면 사회가 큰 혼란에 빠질걸. 누굴 뭐라 불러야 할지 모르니 대화가 성립하지 않을 거야. 그렇게 많은 대명사를 외울 수도 없고. 인간의 기억력에는 한계가 있다고."

"왜 그렇게 한계가 있다고 단정해? 공부 시간이라는 파이를 크게 키우듯이 뇌라는 파이도 키울 수 있다고 생각하지 않으면 노화를 피할 수 없을걸."

내 말을 들은 아들은 웃음을 참으며 조용히 2층으로 올라갔다. 배우자는 미간을 찌푸린 뚱한 얼굴로 리모컨을 잡고 텔레비전을 켰다. 나도 총총거리며 서재로 철수했다. 리벤지 이즈 스위트복수는 달콤하다.

아빠도 어느 한쪽에 속하지는 않아

교복 재활용 자원봉사를 총괄하는 교사인 미세스 퍼플°이 내가 수선한 교복을 가지러 집에 찾아왔다. 재활용 부대

°   머리카락 일부를 보라색으로 물들여서 붙은 별
명. 『나는 옐로에 화이트에 약간 블루』 중 「친구
에게 교복을 건네는 방법」 참고.

의 다른 엄마들은 운전할 줄 알아서 각자 자기가 고친 교복을 학교에 가져다주지만, 나는 운전을 못해서 항상 미세스 퍼플이 가지러 와준다.

차를 내오자 여느 때처럼 잡담이 시작되었다. 미세스 퍼플은 조만간 재활용 부대 운영에서 손을 떼려 한다고 했다. 최근에 헌 교복 기부도, 자원봉사에 지원하는 보호자도 전보다 늘어났고 얼마 전에는 보호자들이 자율적으로 움직여서 온라인 판매도 시작했기에 더 이상 교사가 총괄할 필요는 없다고 생각한 모양이었다.

공립학교 교사의 업무량 증가가 선을 넘어섰다는 말을 들은 적이 있기에 슬슬 본업에 전념해도 괜찮겠다고 생각하며 이야기를 들었다. 그런데 그런 게 아니었다. 미세스 퍼플은 새로운 활동을 시작하려 했다.

"여학생들에게 언제든 생리대를 나눠줄 수 있게 만들려고 해요."

세계 여성의 날이 있었던 3월, 생리용품 제조사와 자선단체가 협력해 무상 급식을 받는 학생이 일정 수 이상 있는 학교에 생리용품을 기부했다. 아들의 학교도 여자 화장실 앞 복도에 선반을 설치해서 기부된 생리용품을 두었는데, 순식간에 전부 사라졌다고 한다. 다시 생리용품을 채워두었지만 또 금방 떨어졌고 결국 며칠 만에 재고가 동났다. 여학생들이 생리용품을 구입하지 못해서 병결로 학교를 빠지거나 교복에 생리혈 얼룩이 생겨 학교 폭력을 당하는 것은 이미 '생리 빈곤period poverty'이라 불리며 사회문제로 여겨지고 있다. 아들의 학교에도 상상 이상으로 곤경에 처한 여자아이들이 있는 듯했다.

여자아이들이 생리를 걱정하지 않고 학교생활을 할 수 있도록 언제든 생리용품을 배포할 수 있게 하고 싶다. 그러기 위해 자선단체나 보호자들과 협력해 시스템을 만들려 한다. 미세스 퍼플은 그렇게 말했다.

그는 빈곤 문제에 무척 열심인 교사다. 지금까지 줄곧 가난한 가정의 아이들을 돕기 위해 다양한 활동을 해왔다. 또 미세스 퍼플의 새로운 일이 시작되는 건가 싶었다.

잡답 중에 우스갯소리 삼아 최근 배우자가 논바이너리 교사에 대해 끝없이 질문하는 통에 아들이 성가셔한다는 이야기를 했다. 미세스 퍼플은 이렇게 말했다.

"제3의 성은, 솔직히 그렇게 단순화해서 가르쳐도 괜찮을까 의문이에요. 제게는 트랜스젠더 친구가 있는데, 그는 남성으로 태어났어도 자신을 계속 여성이라고 생각해왔어요. 여성다운 걸 좋아하고, 누구보다 여성답게 있으려 하고요. 자신이 남성도 여성도 아니라고 생각하지는 않아요. 이런저런 경우가 있는데, 논바이너리에만 중점을 두고 교육해도 될까 개인적으로는 생각해요."

회의적인 어조에 좀 놀랐는데, 미세스 퍼플은 계속 말했다.

"연예인이 자기는 논바이너리라고 공표한 덕에 마침 지금 '힙한' 화제가 된 것 같아요. 그래서 아이들이 논바이너리에 흥미를 갖게 되었고, 교육 현장에 도입하기 쉬워진 점도 있죠. 하지만 오래전부터 이어진 '수수한' 빈곤 문제 등에도 아이들이 주목할 수 있는 시간을 만들었으면 해요. 우리 학교에는 빈곤 문제로 절실하게 괴로워하는 아이들이 많다고 생각하거든요."

이야기를 듣다 보니 미세스 퍼플의 목에는 무지갯빛 목걸이가 없었다.

사회활동에 노력을 기울이는 교사들에게도 각자 자리가 있다고 할까. 제각각 사고방식도 우선순위도 다르다는 당연한 사실을 깨달았다. 누가 하는 일이 더 올바르다든가 누구의 활동이 더 중요하다는 말은 아니다. 서로 조금씩 비판하거나 의문을 품고 있지만, 각자의 자리에서 활동하고 있다. 이역시 다양성일 것이다. 다양한 사고방식을 지니고 다양한 활동을 하는 교사들이 있는 덕분에 각자 다른 개성을 지니고 다른 문제를 겪는 아이들에게 대응할 수 있다. 다양성이 있는 곳에서는 다툼과 단절이 일어나지만, 그런 현장에는 서로 보강하며 멈추지 않고 활동하는 강인함도 있다.

논바이너리든, 생리 빈곤이든, 이런 화제는 보통 신문과 텔레비전 뉴스에서 보기만 하고 끝일 것이다. (내 경우에는 보고 쓰기만 할 테고.) 하지만 10대 아이와 함께 살아가면 그런 화제가 일상적인 식사 시간의 대화에 등장한다.

제3의 성에 이어 우리 집 식탁에서 화제에 오른 것은 팔레스타인 문제였다.

텔레비전 뉴스에서 이스라엘과 팔레스타인 문제를 다루는데, 아들이 같은 학년에 팔레스타인 소년이 있다고 말한 것이다. 영국 북부의 학교를 다녀서 리버풀 사투리가 심한 걸 제외하면 별로 눈에 띄는 아이는 아니라고 했다.

"그런 애가 이스라엘 사람을 죽여버리고 싶다고 말한다니까."

그 말을 듣고 나는 많이 놀랐다. 하지만 아들은 그 소년에 대해 다음처럼 관찰하고 있었다.

"아무리 가족에게서 분쟁에 대해 들었다고 해도 영국에서 태어나 영국에서 자랐는데 그만큼 강한 감정을 품을 수 있을까 싶어. 만약 그렇다고 해도 다른 사람들 앞에서 죽여버린다고 여러 번 말할 필요는 없잖아. 뭐라고 할까, 말투가 너무 가볍다고 할까. 대수롭지 않은 상황에서도 그런 무거운 얘기를 너무 쉽게 말해."

"대수롭지 않은 상황?"

"응, 평소처럼 식당에서 점심을 먹을 때라든가."

"어떤 식으로?"

"친구들이랑 즐겁게 이야기하다가 주위에도 잘 들리라는 듯이 큰 목소리로."

아들이 그렇게 말하자 먼저 식사를 끝내고 소파에 느긋하게 앉아서 신문을 읽던 배우자가 돋보기를 이마에 올리며 우리 쪽을 보았다.

"좀 폼 잡는 느낌이라고 할까? 말로 표현하기 어려운데, 강하게 보이려고 팔레스타인 분쟁을 어필하는 것 아닐까 싶어. 그래서 그런 말을 하면 다들 '또냐.' 하는 듯한 표정이 돼. 얼굴을 마주 보면서 웃는 아이들도 있고."

"세게 보이고 싶은 건지도 모르겠네."

배우자가 대화에 끼어들었다.

"너희도 호르몬이 날뛸 나이가 된 거야."

팔레스타인 소년의 이야기는 우리 집 식탁에서 청춘과 호르몬 문제로 환원되어버렸다. 설령 사실이라 해도 그렇게 단순히 정리하는 것은 너무 불성실한 것 같다. 아들의 동급생과 학교가 좀더 진지하게 받아들여야 하는 문제일지 모른다. 하지만 배우자는 이어서 말했다.

"그런 건 오래전부터 있었어. 내가 10대일 때는 영국인을 쳐죽이겠다고 허세 부리는 아일랜드인 남자아이들이 잔뜩 있었거든."

배우자는 그렇게 말하더니 읽던 신문을 접었다.

"IRA°가 날뛰기 시작한 시대였는데, 나는 아일랜드인이 많은 런던의 가톨릭 중학교를 다녀서 마초 남학생들이 주위에 정말 많았어. 그런 점에서 나는, 그 뭐냐, 그거였다. 네가 말했던 논바이너리. 애초에 나는 아일랜드에서 산 적이 없었으니까 아일랜드인도 영국인도 아니었고, 신앙심이 강하지 않았으니까 가톨릭도 프로테스탄트도 아니었어. 어느 쪽에도 속하지 않았지. 꼭 젠더 이야기에 한정할 필요는 없잖아?"

'…아빠, 지금 좀 깊은 이야기를 했네.' 이렇게 말하는 듯한 표정으로 포크를 쥐고 있는 아들을 흘깃 본 배우자는 다시 신문을 펼치고 돋보기를 썼다.

노화를 피할 수 없다고 놀렸던 게 좀 미안했다.

한 방 먹었네. 사실 이 정도로 생각하지는 않지만 이번에는 그런 걸로 해두지, 뭐.

° 영국으로부터 완전한 독립을 추구한 아일랜드의
   비공식적인 반군사조직.

4

맨
뒤에
서는

사람

　영국 정부는 2019년 예산안부터 긴축 재정을 완화하겠다
고 발표했다. 하지만 내가 살아가고 있는 '밑바닥' 사회에서는
그런 조짐을 전혀 느낄 수 없다. 정부의 인색함만 더욱 강하
게 와닿을 뿐이다.

　예를 들어 내가 살고 있는 구舊 공영주택지. 이곳에는 오래
전부터 우체국(민영화 이후로는 인도인 사장이 경영하는 잡
화점의 일부가 되었다), 피시 앤드 칩스 가게, 카페, 펍, 중국
집, 학교, 커뮤니티 센터, NHS(국민보건서비스) 진료소 등이
있었다.

　영국이 '요람에서 무덤까지 보장하는 복지국가'라고 불리
던 시대에 '문화적 공동체로 만들어진 공영주택지'의 흔적이
느껴지는 거리였다.

그런데 이 공동체의 핵심 역할을 하던 공적 인프라가 수년 전에 없어졌다.

도서관이 폐쇄된 것이다.

도서관이라고 한마디로 말했지만, 빈자의 거리에서 그곳은 단순히 책을 빌리는 장소가 아니었다. 연금 생활자를 대상으로 하는 독서 모임, 영유아와 보호자가 함께하는 낭독 모임, 초등학생을 위한 방과 후 숙제 모임 등을 여는, 그야말로 공동체의 허브 역할을 했던 곳이다.

도서관이 문을 닫은 대신 커뮤니티 센터 내에 도서실이 만들어졌지만, 어째서인지 유아와 보호자에게 개방된 놀이방의 한구석에 마련되었다. 도서실이라 하지만 여러 개 늘어놓은 골판지 상자 속에 그림책이 들어 있는 정도였다.

도서관은 폐쇄 이후 방치되어서 정원에 잡초가 마구잡이로 자라났는데, 황폐해진 도서관 건물을 새로운 시설로 만드는 게 결정되었다. 집을 잃은 노숙자들의 보호소가 된다는 것이었다. 지방자치단체는 그에 관한 설명회와 질의응답 시간을 커뮤니티 센터에서 갖겠다고 각 가정에 안내했다.

나는 근처에 노숙자 보호소가 생기는 것으로 이러쿵저러쿵하지는 않았다. 그보다는 도서관이 노숙자 보호소가 되는, 최근 몇 년의 영국을 상징하는 듯한 일에 충격을 받았다. 문화적인 건 죄다 배제하고 '먹느냐 굶느냐' 하는 아슬아슬한 문제에만 돈을 쓰겠다는 정치의 행태가 이토록 적나라하게 드러나도 되는 것일까.

"진짜 사람을 너무 바보 취급하네."

안내문을 보고 그렇게 내뱉는 나를 가만히 바라보던 아들은 이튿날 학교에서 돌아와 동급생들 사이에서 구 도서관과 관련한 일이 큰 화제가 되었다고 이야기했다.

"다들 보호소 때문에 부모님들이 화가 단단히 났대. 찬성한다는 말은 못 들었어."

아들의 이야기에 따르면 화내는 보호자의 대부분은 나처럼 긴축 재정에 대해 분노하는 게 아니었다. 그들은 물리적으로 가까운 곳에 노숙자 보호소가 생긴다며 격노하는 모양이었다. 특히 바로 옆이 펍이고 건너편이 초등학교라는 위치적 문제를 우려하는 보호자가 많다고 했다.

"노숙자 중에는 알코올 의존증인 사람이 많아?" 아들이 물어보기에 답해주었다.

"통계적인 건 찾아봐야 알 수 있지만, 길바닥에 앉아 있는 사람들이 옆에 캔맥주를 두고 마시는 경우가 있으니까 그런 이미지가 생겼는지도 몰라."

"보호소 바로 옆에 펍이라니 노숙자들에게 마시라고 부추기는 셈이라고 올리버네 아버지가 화냈대."

"…"

초등학교 근처에 노숙자 보호소가 생기는 걸 반대하는 사람들의 주장도 상상할 수 있었다. 그런 이들은 항상 취해 있는 노숙자 때문에 아이가 위험해지는 것 아니냐고, 아이들에게 뭔가 이상한 짓을 하면 어떡하느냐고 말하기 때문이다.

"그리고 동네에 노숙자 보호소가 생기면 집값이 떨어져서 안 된다는 사람도 있나 봐."

아들은 그렇게 덧붙였다.

"엄마는 설명회에 갈 거야?"

아들의 물음에 나는 잠깐 생각했다가 고개를 끄덕였다. 한창 바쁜 시기라 갈 생각은 없었지만, 아들 친구들의 부모들은 모두 출석한다는 말을 들은 이상 안 갈 수 없었다.

설명회는 평일 밤에 열렸다. 커뮤니티 센터의 설명회장에 들어서니 이미 50명 정도의 사람들이 의자에 앉아 있었다. 그들 앞에는 지방자치단체의 복지과에서 나온 젊은 금발 여성이 서 있었다.

젊은 직원은 파워포인트로 작성한 자료를 화이트보드에 보여주면서 도서관이 보호소로 변경되었을 때의 상상도, 공사 일정 및 완성 예정일, 보호소에 머물게 될 노숙자의 수와 기간, 직원 수와 고용 형태 등을 설명했다. 질의응답 시간은 마지막 순서에 마련되어 있었지만, 설명을 시작하자마자 주민들이 차례차례 큰 소리로 질문을 쏟아냈다.

"어떤 상태인 노숙자가 머무는 시설입니까? 알코올 의존증인 사람들도 오는 거죠?"

"우리 아이에게 무슨 일이 생기면 어떻게 책임질 거예요?"

"브라이턴에는 폐쇄된 채 방치된 공공 인프라가 더 있어. 그런데 왜 하필 초등학교와 펍 옆에 보호소를 만드는 거야. 최악이잖아."

"학교나 NHS 진료소가 없는 평범한 주택가에 만들어도 되잖아요. 그런데 왜 우리 동네야? 암만 생각해도 이상해."

이런 말을 던지는 사람들 중에는 잘 아는 얼굴도 있었다. 문득 뒤쪽 창가에 의외의 인물이 앉아 있는 걸 깨달았다. 아들의 친구인 다니엘의 아버지가 어째서인지 그곳에 있었다.

헝가리에서 이주하여 레스토랑 경영으로 성공한 다니엘의 아버지는 중산층답게 구 도서관과 조금 떨어진 곳에 있는 깔끔한 주택가에 살고 있다. 다른 곳에 살면서 왜 이 자리에? 그렇게 의아해하는데, 다니엘의 아버지가 의자에서 일어서더니 앞에 있는 직원을 향해 퍼부었다.

"공영주택지였던 동네니까 보호소를 만드는 거잖아. 평범한 주택가에 만들면 집값이 떨어진다고 반대가 심할 테지만, 여기라면 그러지 않을 거라고 생각했겠지."

그 말에 촉발된 듯이 마침내 주민들의 말이 거칠어지기 시작했다.

"우리도 집값이 떨어지면 피해를 본다고! 파시posh, 상류층의 집처럼 비싸지는 않지만, 우리도 절박하다고!"

"돈 없는 지역의 집값은 얼마든지 떨어져도 괜찮다는 거야. 공무원 놈들은 늘 그래. 빈곤한 지역에 사회 문제를 전부 떠밀어서 쓰레기장처럼 쓰지."

연달아 쏟아지는 가시 돋친 말을 들으며 앞에서 버티던 복지과 직원은 마침내 "퍽fuck!"이라는 욕설을 쓰기 시작한 한 아저씨를 노려보았다. 그는 "냉정하게 대화하지 않는다면 이 자리를 계속할 수 없어요."라고 울먹이며 말하고는 짐을 챙겨서 설명회장에서 나가버렸다.

지방자치단체가 주최한 설명회인데, 주최 측의 사람이 도중에 울면서 돌아가버린 것이다.

이 문제와 상관없을 다니엘의 아버지가 어째서 사람들을 부채질하는 말을 했을까. 그 이유는 나중에 아들이 말해주어서 알게 되었다. 다니엘의 아버지는 구 도서관 근처에 부동산을 소유하고 있었다.

선택받은 아이, 선택받지 못한 아이

설명회가 있고 얼마 뒤, 나는 일 때문에 일주일 정도 도쿄에 가게 되었다. 마침 아들의 학생위원 면접과 결과 발표가 있는 주라서 아들은 "결과를 알게 되면 바로 엄마한테 연락할게."라며 나를 배웅했다.

아들의 학교에서는 9학년°이 되면 학생위원을 스무 명 정도 뽑는다. 오래전에는 '감독 학생'이라는 뜻의 '프리펙트 prefect'라고 불렀다는데, 요즘도 명문 사립학교에서는 그렇게 부른다고 한다.

학생위원이 되고 싶은 학생은 누구든 지원할 수 있다지만, 대부분의 경우 교사가 추천한 학생이 신청서를 내고 학년주임과 교장의 면접을 거친 다음 합격 여부가 결정된다. 아들이 담임의 추천을 받아 신청서를 제출한 것은 내가 일본으로 떠나기 얼마 전이었다.

"신청서를 내서 면접까지 결정된 학생 중 3분의 2가 여자라는 것 같아."

아들의 말에 내가 감탄했다.

"오, 요즘 세상을 상징하는 것 같네."

°　영국 중등교육 과정의 3학년에 해당한다. 영국에서는 중학교를 만 11세부터 만 16세까지(7학년~11학년) 5년간 다닌다.

"이런 경우 성별 균형은 어떻게 할까? 남녀가 반반이 되도록 선정한다면 내가 유리할 텐데."

"아니, 그런 건 반대 상황이랄지, 여성이 사회에 진출하기 어려웠던 시대에 했던 거니까. 너희 세대에는 더 이상 성별 균형이나 소수집단 우대정책Affirmative Action 같은 건 필요 없을지 몰라."

그런 대화를 나누고 나는 일본으로 떠났는데, 딱 내가 비행기로 이동하는 날에 아들이 면접을 보게 되었다.

며칠 뒤 아들이 메일을 보냈다. "걱정하고 있으니까 연락해." 보통 이런 건 부모가 자식에게 하는 말 아닌가 하는 생각을 하며 역시 우리 집은 그런 면에서 이상한 것 같다고 반성했다. 아무튼 밤에 아이패드로 페이스타임을 걸어보니 학교에서 막 돌아온 아들이 받았다.

"학생위원에 합격했어!"

아들이 연결되자마자 기뻐하면서 말했다. 이 소식을 전하고 싶었던 거였군.

"해냈구나. 언제 알았어?"

"어제. 학생주임이 어제 편지를 줬는데 오늘 바로 교장실에서 임명장도 받았어."

"와, 제대로 한 사람씩 임명 같은 걸 하는구나."

"학생위원 한 명 한 명한테 교장 선생님이 임명장을 주는데, 나한테 줄 때만 '대체 왜 네가 여기 있는 거니!'라고 농담을 했어. 우스워서 그만 웃어버렸다니까."

눈을 장난스럽게 빛내며 아저씨 농담을 날리는 교장의 모습이 선명하게 그려졌다. 그런 농담을 던져도 괜찮은 학생이 있는가 하면, 던질 수 없는 학생도 있을 것이다. 굳이 고르라면 나는 아들이 학생위원에 합격한 것보다 교장에게 농담을 해도 되는 학생이라 여겨지는 것이 마음에 들었다.

결국 학생위원이 된 아이들은 여학생 14명에 남학생 6명이라고 했다. 내가 "느낌 좋은데."라고 말하자 아들은 "여자애들이 '걸 파워'라고 엄청 신났어."라며 입을 삐쭉거렸다.

잉글랜드, 웨일스, 북아일랜드의 중학생은 최종 학년인 11학년(15~16세) 때 GCSE라고 불리는, 중등교육을 제대로 수료했는지 평가하는 전국 시험을 치른다. 남학생보다 여학생의 GCSE 성적이 우수하다는 것은 이미 상식이 되었다. 2016년에는 여학생과 남학생의 성적 차이가 과거 14년을 통틀어 가장 크다고 보도가 되었고, 2018년에는 남학생이 차이를 조금 좁혔다고 화제가 되었다.

조금 좁혔다지만 성적 최고 등급인 9점에서 7점까지 받은 여학생이 23.4퍼센트인 것에 비해 남학생은—전년보다

약 1퍼센트포인트 올랐다고 해도—17.1퍼센트에 그쳤다.

아들의 학교에서도 사정은 비슷하다. 여학생이 남학생보다 교내의 다양한 활동에 적극적으로 참여하고 성장 욕구가 강한 편이다. 학생위원에 지원한 여학생이 남학생보다 압도적으로 많은 것 역시 그런 면을 드러낸다.

"선생님들도 학생위원 수를 알고 추천했을 테니까 떨어진 아이는 거의 없지 않아?"

"아냐, 꽤 있는 것 같아. 그래도 각자 합격 여부를 통보받았으니까 누가 어떻게 됐는지는 전혀 몰라."

그렇게 그날의 페이스타임을 마쳤는데, 이튿날 다시 아들과 얘기할 때는 상황이 달라졌다. 전날의 밝은 얼굴과 전혀 다른 어딘지 어두운 표정으로 아들이 아이패드 화면에 나타난 것이다.

"실은… 다니엘이 학생위원에 지원했다는 걸 알게 되었어."

"어? 다니엘이 아무 말 안 했어?"

나는 놀라서 아들에게 물어보았다. 다니엘은 아들과 사이 좋은 친구 중 한 명이고 매일 함께 식당에서 점심을 먹기도 할 테니 몰랐다는 건 부자연스러웠다.

"나는 담임 선생님이 추천했는데, 다니엘은 드라마(연극) 선생님의 추천을 받았나 봐."

"그래서 다니엘은 떨어졌어?"

"응, 다니엘은 누구에게도 그 얘기를 하지 않았어. 그런데 면접 날 다니엘 다음 차례였던 여자애가 '면접 때 봤는데 임명될 때 교장실에 없었으니까 떨어진 게 분명해.'라고 말하는 바람에 또 시끄럽게 소문내는 애들이 생겨서…"

다니엘은 얼마 전까지 학교에서 심한 괴롭힘을 당했다. 굳이 따지고 보면 다니엘이 인종차별적인 언동을 한 게 원인이었지만, 아이들은 SNS에서 놀리는 데 그치지 않고 다니엘의 체육복을 숨기거나 사물함을 어지럽혔다. 최근 들어 그런 괴롭힘이 잦아들었다지만, 이 일로 다시 불이 붙지 않을 거라 장담할 수 없었다.

"팀이 단도직입적으로 '진짜 지원했어?'라고 다니엘한테 물어봤어. 그러니까 다니엘이 '응.'이라면서 '그런데 나는 모두가 좋아하는 굿 보이가 아니니까 보기 좋게 떨어졌어.'라고 했어. 밝게 말하긴 했는데, 나는 그 말이 엄청 비아냥거리는 것 같았어."

"…"

내가 일본에 있는 사이에 아무래도 아들의 교우관계는 좀 어려운 문제에 빠진 것 같았다.

운이 좋았던 사람은 나니까

일본에서 일을 마치고 영국에 돌아오자 아들은 말하고 싶어 근질근질했다는 듯이 이야기를 시작했다. 배우자에게는 이런 이야기를 해봤자 "짜증 나는 놈이랑은 어울리지 마."라고 할 뿐이라 상담할 사람이 필요했을 것이다.

아들에 따르면 면접에서 떨어진 건 다니엘만이 아니었다. 그중에는 모두가 반드시 학생위원이 될 거라고 했던, 다리에 장애가 있는 우등생 소년도 있었다.

"본인은 장애인이라서 떨어진 거라고 하는데, 여자애들은 그가 오만하고 성격이 나쁘기 때문이라고 하고 있어. 그 애는 '이 학교는 여자애들이 기가 세고 시끄러우니까 여자가 좀 줄어들어야 좋은 학교가 된다.'라고 공공연하게 말하거든. 여자애들이 싫어하는 애야."

"세상에, 만약에 면접에서 그런 말을 내뱉었다면 큰일일 텐데."

정말 순수하게 면접으로 합격 여부를 결정했다면, 다니엘 역시 교사를 불안하게 하는 발언을 했는지 모른다.

"다니엘도 면접에서 뭔가 해서는 안 될 말을 했을까."

내 말에 아들이 답했다.

"최근에는 인종차별 같은 말은 별로 하지 않는데, 그 대신 노숙자들을 엄청 욕하긴 해."

나는 몇 주 전 커뮤니티 센터에서 보았던 다니엘의 아버지를 떠올렸다. 그가 이 근처에 살지도 않으면서 노숙자 보호소 반대 운동을 획책하고 있다는 소문도 들었다. 분명히 집에서 그런 이야기를 했을 것이다.

그렇다 해도 다니엘이 추천을 받고 학생위원에 지원한 것을 아들을 비롯한 친구들에게 말하지 않았다니, 그것은 여전히 기묘한 일이었다. 괴롭힘을 당하긴 했지만 다니엘은 자신이 남보다 뛰어난 외모와 두뇌를 타고났다는 사실을 잘 아는 자신만만한 소년이다. 학생위원과 관련한 일을 몰래 숨길 만한 성격이 아닌 것이다. 아들에 따르면 자기가 먼저 친구들에게 "담임 선생님이 추천해줬다."라고 밝혔고 팀과 올리버가 들떠서 신을 내며 "응원할게."라고 했다는데, 혹시 다니엘은 그런 친구들을 보고 왠지 말을 꺼내지 못한 것 아닐까.

아들은 중학교에 입학하고 얼마 지나지 않았을 때 "다니엘이랑 나는 최악의 적 아니면 최고의 친구가 될 것 같아."라고 말했었다. 이제 와서 생각해보면 확실히 두 사람은 닮은 듯하면서도 정반대의 기질을 지니고 있다.

그런 생각을 하는데 아들이 스마트폰을 꺼내더니 다니엘이 인스타그램에 올린 사진을 보여주었다.

"친구에게 목소리를 빼앗겼다. 나는 더 이상 노래하지 못해." "친구여, 친구여, 너는 빛 속으로 나아가라. 나는 뒤에서 피를 흘린다." 의미심장한 시구 같은 문장과 함께 깨진 유리 조각과 음울한 잿빛 하늘 등을 찍은 사진이 올라가 있었다. 어느새 그의 사진 솜씨도 꽤 좋아진 듯했는데, 뭐, 그건 그렇다 치고 이걸 본 아들의 마음은 분명히 천 갈래 만 갈래로 찢겼을 것이다. "친구에게 목소리를 빼앗겼다." 이 구절은 중학교 신입생이던 7학년 때의 일을 암시하는 것 같기도 했다.

당시 신입생들이 공연한 뮤지컬 「알라딘」에서 다니엘은 알라딘, 아들은 지니를 맡았는데, 다니엘이 변성기에 접어들어 고음을 내지 못한 탓에 아들이 무대 뒤에서 노래를 부르고 다니엘은 입만 벙긋거렸다.°

"학교에서는 평범하게 대해. 평소처럼. 그런데 인스타를 보면 이렇다니까."

"뭐, 어른 중에도 있어. 현실에서 만나면 평소와 다르지 않은데 뒤에서는 온라인에다 궁시렁궁시렁하는 녀석이."

"왜 이러는 걸까?"

"엄마도 그건 알 수 없어."

° 『나는 옐로에 화이트에 약간 블루』 중 「완전히 새로운 세계」 참고.

그렇게 답했지만, 다니엘이 이러는 이유는 상처받았기 때문일 것이다. 그리고 자신이 상처를 입었으니까 아들에게도 상처를 입히고 싶은 것이다. 상처 입는 사람을 더 늘려봤자 자신의 상처가 치유될 리 없고, 외려 괜히 더 아파져서 치유에 시간이 걸리는 경우가 많다. 그러니 자해나 다름없는 행위지만, 열두세 살 아이가 그런 걸 알 수는 없다. 괜히 휘말린 사람에게는 그만한 민폐가 없다만.

"이제 다니엘이랑 함께 있는 게 힘들어졌어?"

나는 아들에게 물어보았다.

"음, 그래도 학교에서는 평소랑 다르지 않으니까. 갑자기 거리를 두는 것도 이상하잖아. 인스타에서도 나를 가리키면서 뭐라 하는 건 아니고."

"그건 그렇네."

"자존심일 거야."

"뭐?"

"학교에서 평소처럼 있는 건 다니엘의 자존심인 거야. 그러니까 그걸 부수면 훨씬 괴로워할 거야. 일단 상황을 좀 보려고. 이번에 운이 좋았던 사람은 나니까."

오호, 운이 좋았던 사람은 나. 나로서는 도저히 흉내 낼 수 없는 관대한 말을 다 하네.

그렇게 생각하면서 가만히 아들을 보는데 그가 말했다.

"물론 상황이 너무 심각해지면 달라지겠지만."

오랜만에 집에 돌아와서 보니 아니나 다를까 아들의 방은 엉망이었다. 책상 위는 유인물과 책으로 어지러웠고 방바닥에도 종잇조각이 흩어져 있었다.

아, 진짜. 며칠만 없어도 이렇다니까. 아들이 학교에 간 사이에 정리를 시작했다.

책상 위의 책을 책장에 꽂고 쓸모없는 유인물을 쓰레기통에 버리고… 문득 그 속에서 학생위원 면접을 준비하며 썼던 것 같은 메모를 발견했다. "리더에게 필요한 자질은 무엇이라고 생각하는가." "학교에서 무엇을 개선하고 싶은가." 이런 질문을 면접 대상인 후보자들에게 미리 알려줘서 어떻게 답할지 고민했던 모양이었다.

'리더의 자질'에 대해서 아들은 '솔선수범lead by example'이라는 말을 내걸었다. "말로만 지시하는 게 아니라 내가 먼저 해서 보여주는 게 중요"하다고 쓰여 있었다. 도쿄에서 페이스타임을 할 때 그런 식으로 면접에서 답했다고 아들이 말했기 때문에 그렇구나 생각하면서 종이를 훑어보는데 다른 답도 쓰여 있었다.

"이끄는 것lead이란 앞에서 당기는 것만은 아니다. 때로는 맨 뒤에 서서 뒤처지는 사람이 없도록 밀어주는 것push up이기도 하다."

내 귀에 맑은 물처럼 낮고 조용한 그리운 사람의 목소리가 들렸다.

나의 은사, 보육사 애니가 자주 했던 말이었다.

나도 아들에게 이 말을 했던 적이 있었나. 아니면, 오래전 내가 일했던 '밑바닥 어린이집'에서 애니가 아들을 돌보다 이 말을 했을까. 어느 쪽인지는 모른다.

모르지만, 애니의 말은 아들의 내면에 살아 있었다. 지금은 사라진 어린이집의 설립 이념이 그곳을 다닌 아이에게 이어져 지금도 숨 쉬고 있다.

교육이란 가르치고 이끄는 것이 아니라 전하는 것이며, 교육을 받는 이에게 맡기는 것인지도 모른다는 생각이 들었다.

나는 아들이 글자를 휘갈겨 쓴 종이를 잘 접어서 주머니에 넣고, 방 정리를 계속했다.

창문 너머로 투명한 초여름의 햇빛이 반짝반짝 빛났다.

머지않아 은사의 기일이다.

5

지금 여기 너머의 세계

열두 살짜리 아이한테 진로라고 해봤자 아직 알 리가 없
잖아. 이렇게 생각하는 나는 부모로서 너무 태평한지도 모른
다. 아들이 다니는 '구 밑바닥 중학교'°에서는 중등교육 수료
시 치르는 전국 시험 GCSE를 대비해서 9학년부터 반을 나
누기 시작했다.

　GCSE란 잉글랜드, 웨일스, 북아일랜드에서 실시하는 시
험이다. 영어(정확하게는 영국 아이들의 국어), 수학, 과학, 외
국어(아들네 학교는 프랑스어, 독일어, 스페인어 중에서 선택
하는데, 희망하면 다른 외국어 시험도 치를 수 있다.), 역사,
지리 등 대학 진학을 생각하는 아이라면 필수적으로 일정 성
적 이상이어야 하는 과목과 더불어 시티즌십, 경제, 컴퓨팅,
예술&디자인, 댄스, 영상, 엔지니어링, 종교, 음악, 드라마 등

° 　저자의 아들이 다니는 중학교는 오랫동안 인근
　지역의 중학교 랭킹에서 밑바닥에 있었지만, 교
　장을 비롯한 교사들의 노력으로 랭킹 한가운데
　까지 올라갔다.

다종다양한 과목을 선택해서 시험을 볼 수 있다. (영국 정부의 웹사이트에서 확인해보니 서른두 과목이 있었다.) 다만, 학교가 모든 과목을 가르칠 수는 없다. 그래서 영국의 공립학교는 학교마다 조금씩 가르치는 과목이 다르다. 또한 한 학교에서도 가르치는 과목이 달라진다.

이처럼 글로 쓰는 것만도 복잡한 시스템이다. 내가 이렇게 생각하는 이유는 처음부터 시험 과목이 정해져 있고 모두 같은 시험을 치러서 합격, 불합격을 정하는 일본의 고등학교 입시와 비교하기 때문일 것이다.

9학년부터 반을 나눈다는 말은 어느 과목의 시험을 볼지(즉, 어떤 과목을 배울지)를 학생이 스스로 결정해야 한다는 뜻이다.

학교에서 그와 관련한 설명회가 열린다기에 우리 집도 가족 셋이 다 함께 참석하기로 했다.

아들은 일단 대학을 가려고 하는 상황이라 이른바 필수 과목은 정해진 셈이다. 그 외 선택 과목도 가장 잘하는 시티즌십, 음악, 드라마는 이미 결정했다. 그래서 과목 선택이 그렇게 큰일은 아니라고 생각했다. 대학에 진학하려는 학생은 보통 10~13개 과목의 시험을 치른다고 한다.

영국의 지식인 중에는 필수 과목 외에 음악, 예술, 요리, 스포츠 등(참고로 GCSE에는 스포츠 시험도 있다.)에도 박식한 사람이 많다. 중학생 시절부터 시험 과목으로 광범위한 분야를 배우며 교양을 익혀야 했기 때문일 것이다.

설명회에 가보니 일단 강당에서 GCSE의 개요와 현재 아들의 학교에서 수업하고 있는 과목에 대해 안내를 했다. 그 뒤에 각 학생이 관심을 갖고 있는 시험 과목의 교실로 가서 담당 교사의 설명을 들었다.

출입구 밖으로 줄이 생긴 교실이 있는가 하면, 한 명도 없이 텅텅 빈 교실도 있었다.

가장 인기 있는 과목은 올해부터 새로이 도입된 '비즈니스'였다. 아들의 친구들이 모두 흥미를 품고 있다기에 우리도 '비즈니스' 교실을 들여다보았다.

관심 있는 가족이 너무 많아서 책상이 부족했고, 교실 양옆과 뒤쪽에 서서 설명을 듣는 사람들이 가득했다. 설명은 교대제로 이뤄졌는데, 우리는 앞서 설명을 들은 사람들이 줄줄이 나온 다음 앞쪽 자리에 앉았다.

담당 교사의 설명을 들어보니 아무래도 '비즈니스'라는 과목은 자영업(요즘 말로 하면 '스타트업'이다.)을 시작하는 데 필요한 지식을 가르치는 모양이었다.

"브라이턴에는 웹디자이너나 프로그래머 같은 프리랜서가

많다고 알려져 있지요. 여러분도 나중에 스스로 비즈니스를 시작해서 자기 자신의 고용주가 되어 일할 가능성이 높을 거예요. 그 때문에 이 과목에서는 사업 기획과 프레젠테이션을 하는 법, 세무와 회계 지식 등 프리랜서로 일할 때 필요한 실용적인 지식을 가르칩니다."

교사가 학생들에게 전하는 말을 들어보니, 더 이상 공무원과 회사원처럼 조직에 고용되는 것만 상정할 수 없는 시대의 교육이란 이런 것인가 싶었다. 열두세 살인 어린아이들에게 프리랜서가 될 준비를 하라는 것이다.

보수당 정권은 2010년에 긴축 재정을 시작한 뒤로 실업자들에게 '스타트업'을 권하고 있다. 실업자들이 회사에 채용되지 않아도 자영업자가 되어준다면 실업급여와 생활보장비 등을 아낄 수 있기 때문이다. 정부는 스타트업을 하는 실업자에게 처음 26주 동안 '뉴 엔터프라이즈 수당'이라는 보조금을 주고, 창업 자금이 필요하면 대출도 해준다.

그 때문에 영국에서는 자영업자가 늘어나고 있다. 물론 그런 제도를 활용해 창업하고 성공한 사람들도 있다. 하지만 모두가 성공할 수는 없다. 영국의 자선단체인 진저브레드가 2018년 발표한 조사 결과에 따르면, 2017년까지 10년 동안 배우자 없이 홀로 아이를 기르는 성인 중 자영업자가 58퍼센트 증가했다고 한다. 그중에는 고용보험 사무소의 직원이 떠민 탓에 내키지 않으면서 창업을 하게 된 사람들이 많다고 영국 일간지 『가디언』은 보도했다.

그런 자영업자 중에는 소매업, 요식업, 돌봄 업종의 하청업자로 일하는 사람들이 많다. 스타트업이라고 하면 듣기 좋지만, 결국에는 개인 하청업자가 되어서 '제로아워 계약zero-hour contract'(사용인이 요청할 때만 일하는 채용 계약이다. 요청이 없다면 수입도 없다.)과 다름없는 방식으로 일하는 것이다. 그처럼 불안정하게 일하는 한 부모가 늘어난다는 것은 한 부모 가정 아이 중 약 절반이 상대적 빈곤에 빠져 있는 현실과도 이어진다.

웹디자이너와 프로그래머 같은 화려한 업종의 프리랜서와 달리, 창업 따위 하기 싫은데도 억지로 떠밀린 자영업자들이 있는 것이다. 그러고 보니 2019년 칸 영화제에서 화제가 되었던 켄 로치 감독의 영화 「미안해요, 리키」역시 택배 배송을 하는 개인 하청업자의 가족이 빈곤으로 고통받는 모습을 그린 것이었다.

자영업자와 관련해 그런 생각을 하고 있었기 때문에 '비즈니스'라는 과목에 자영업 입문 강좌 같은 면이 있다는 것을 알고 개인적으로 심경이 복잡했다.

불현듯 아까 강당에서 팀을 만나지 못한 것을 깨달았다.

아들의 다른 친구들은 모두 부모님과 함께 설명회에 참석해서 인사를 나누고 잠깐 잡담도 했다.

그런데 팀과 팀의 어머니만 그 자리에 없었다.

철책으로 둘러싸인 미래

팀의 엄마는 싱글 맘이고, 앞서 말한 '제로아워 계약'으로 일하고 있다.

팀의 엄마를 비롯한 공영단지의 싱글 맘들은 노동당 정권 시절에 지금보다 훨씬 촘촘했던 복지정책의 덕을 보며 아이를 여러 명 낳고 길렀다. 하지만 보수당 정권이 들어서고 긴축 재정이 시작되어 생활보호수급자에 대한 압박이 강해지면서 싱글 맘들의 생활은 완전히 달라졌다.

정부에서는 갑자기 일을 하라지만 아이를 안고 있는 싱글 맘에게 마땅한 일자리는 없었다. 팀의 엄마도 '힙한 스타트업'이 아니라 '제로아워 계약'이라는 최악의 고용 형태로 일하는 것밖에 선택지가 없었다.

"팀을 못 봤네. 왔어?"

설명회가 끝나고 돌아가는 길에 아들에게 물어보았다.

"안 왔을걸. 팀네 엄마가 아직 몸이 안 좋으신 거 같아. 큰형도 일 때문에 못 온다고 했대."

"어? 그러면 우리랑 같이 왔으면 좋았을걸."

"응, 나도 그러자고 했는데…."

아들이 고개를 숙이고 말을 이었다.

"팀이 '나는 이런 설명회랑 상관없어.'라고 했어."

"내년부터 수업을 들을 교실을 둘러보고 선생님이랑 만난 다음에 과목을 선택하는 게 좋잖아. 상관없을 리가 있나."

"아니, 팀은 졸업하면 바로 형들처럼 돈 벌 거라서 GCSE 같은 건 자기랑 상관없다고."

밴드 멤버를 포함해서 아들과 사이가 좋은 친구들은 모두 대학에 진학할 생각일 것이다.

즉, 팀만 '다른 것'이다. 이 다름은 인종이나 성적 지향 같은 문제는 아니지만, 어떤 의미로는 그 이상의 다름이다. 팀이 '나는 달라.'라며 친구들과 자기 사이에 선을 긋게 만들고 있다.

나와 아들이 묵묵히 걷는데 옆에서 배우자가 말했다.

"대학에 가지 않아도 취직할 때 GCSE 결과가 따라다녀. 예를 들어 아빠처럼 덤프트럭 운전사가 되려고 지원해도 이

력서에 GCSE 성적을 적어야 해. 그리고 운전사를 그만두고 사무실에서 일하는 관리직으로 승진하려고 할 때도 GCSE 결과가 중요할걸."

"아빠, 다음에 팀을 데려올 테니까 그런 얘기 좀 해줘."

아들은 그렇게 말하며 배우자의 얼굴을 봤다.

"팀 주위에는 그런 얘기를 해주는 어른이 없을 거야. 엄마는 우울증 때문에 누워만 있고, 큰형은 나이트클럽에서 기도를 하니까 낮에는 대부분 잔대. 잠을 안 자도 집에는 거의 없는 것 같아."

영국 노동자 계급의 변천 같은 것이 느껴졌다. 배우자는 영국 노동자 계급 중에서도 고용 형태가 안정되어 성실하게 일하면 충분히 생활할 수 있었던 세대에 속한다. 하지만 팀의 가족은 고용의 안정도 생활의 안정도 모두 빼앗긴, 희망이라고는 없는 현대의 노동자 계급이다.

예전에는 사회복지사가 팀의 집에 개입하여 도움을 준 적이 있었다고 한다. 하지만 아이들이 성장하여 10대가 되고 긴축 재정으로 복지과에 일손이 부족해진 현재는 가정 방문도 이뤄지지 않고 있다. 팀이 사는 언덕 위의 공영단지 옆에도 약 10년 전까지는 유스센터(중·고등학생이 방과 후 여가 시간을 보낼 수 있는 시설)가 있었고, 그곳에는 청소년과 청년 지원을 전문적으로 하는 사회복지사들이 있었다. 공영단지의 중학생들은 방과 후에 유스센터에서 미니 농구와 당구 등을 즐겼고 사회복지사와 대화를 할 수도 있었다. 하지만 긴축 재정 때문에 유스센터는 문을 닫았고 팀 같은 아이들은 가족이 아닌 어른과 이야기할 기회를 잃어버렸다.

"오, 좋네. 그러면 다음에 다 같이 놀러 갈까? 보트를 빌려서 낚시를 한다든지."

"그건 싫어. 요즘 엄청 덥잖아."

"그럼, 미니 골프?"

"그것도 밖에서 하니까 더워."

"더워서 싫다고만 하면 여름에는 아무것도 못하잖아."

"꼭 특별한 이벤트가 아니어도 되니까 팀이 놀러 왔을 때 평소처럼 얘기해."

아들과 배우자의 대화를 들으면서 나는 몇 달 전에 잡화점에서 마주친 팀의 엄마를 떠올렸다. 여전히 화장기 같은 건 전혀 없이 아파 보이는 안색이었는데, 나뭇가지처럼 야윈 팔을 카운터 위에 올려서 담배를 사고 있었다.

내가 "헬로."라고 인사하자 팀의 엄마는 누구더라 하는 듯한 얼굴로 나를 보았다. 그러고는 왠지 부끄러워하는 듯한, 내가 그 자리에 있어서 조금 화가 난 듯한, 하지만 실은 아무 생각도 없는 듯한 명한 표정으로 "헬로."라고 답하고 잡화점에서 나갔다.

눈꺼풀이 부어서 무거워 보이는 게 마음에 걸렸다. 무척 오랜 시간 누워서 지낸 사람의 얼굴이었다. 일본인이든, 영국인이든, 정신 상태가 비슷하면 얼굴도 닮는 모양이었다.

"돈이 없는 인간은 눕는 것밖에 못해. 일어나봤자 좋은 일은 하나도 없어."

그렇게 말하며 하루 종일 누워 있던 육친의 얼굴이 팀의 엄마에게서 보였다.

가장 가까운 어른을 우울증이라는 병에 빼앗긴 아이에게 미래란 철책으로 둘러싸인 좁은 공간일 뿐이다. 그렇다는 걸 나는 잘 알고 있다.

아들, 밴드에서 탈퇴하다

그날로부터 얼마 뒤에 있었던 일이다.

밴드 연습을 하고 조금 늦게 돌아올 예정이었던 아들이 왠지 평소와 같은 시간에 학교에서 돌아왔다.

"어, 일찍 왔네? 밴드 연습은?"

내 말에 아들은 일단 말없이 책가방을 바닥에 두었다.

"그만둘래. 밴드는 이제 끝."

아들은 나를 보지도 않고 부루퉁한 얼굴로 고개를 숙이며 답했다.

"왜 그래?"

"…"

"무슨 일 있었어? 멤버끼리 싸웠어?"

나는 가볍게 물어본 것이었는데 고개를 숙인 아들의 눈에 눈물이 그렁그렁해서 깜짝 놀랐다.

"왜 그래? 왜 우는 거야?"

초등학교 때부터 지금까지 아들이 학교에서 돌아와 눈물을 흘린 적은 없었다. 보통 일이 아닌 게 틀림없다고 생각하며 동요하고 있는데, 밤새 일하고 돌아와 침실에서 자고 있던 배우자가 일어나서 나왔다.

"어이, 무슨 일이야? 너 설마 울면서 집에 온 거야?"

양 볼에 눈물이 흐르는 아들을 보고 배우자가 말했다.

"울면서 집에 오지 않았어. 지금 좀 운 거야… 엄마가 자꾸 물어보니까."

배우자는 얼굴을 들지 않는 아들의 머리를 탁 쳤다.

"이쪽으로 와."

배우자는 거실 문을 열고는 아들에게 따라오라고 턱짓을 했다.

"지금부터는 남자끼리 대화하는 시간이야."

배우자가 그렇게 말하며 문을 닫기에 저런 성차별적인 발언이 있나 생각했다. 하지만 "엄마가 자꾸 물어보니까" 울었다는 말을 들은 이상 거실 문을 무작정 열 수도 없었다.

한동안 2층에서 일을 했는데, 아래층에서 텔레비전 소리가 들리기 시작해서 내려가보았다. 거실 문이 열려 있었고, 두 사람이 텔레비전을 보고 있었다.

"나는 방으로 갈게. 내일까지 해야 하는 역사 숙제도 있고."

아들이 그렇게 말하며 2층으로 올라갔다. 내가 속삭이듯이 "무슨 일이래? 얘기 들었지?"라고 물어보자 배우자 역시 작은 목소리로 대략의 사정을 들려주었다.

그의 설명에 따르면 다음과 같은 일이었다.

밴드에서 보컬과 래퍼를 맡고 있는 팀이 다른 멤버와 점심시간에 말싸움을 했다.

"오늘 수업 끝나고 연습에 올 거지?"

이 질문에 팀이 한 대답이 도화선이었다.

"꽤 오랜만에 연습이네. 이렇게 해서야 요만큼도 실력이 늘지 않아. 뭐 때문에 하는지 모르겠어."

지난 GCSE 설명회 이후 밴드 멤버들의 부모들도 학업에 부쩍 신경 쓰기 시작한 모양이다. 멤버들은 취약한 과목의 과외 수업을 받는다거나 다른 발표회 연습을 해야 해서 2주 정도 밴드 연습을 하지 못했다. 그와 관련해 팀은 아들에게도 학교를 오가는 길에 불만을 말했다고 한다.

"다들 밴드에 얼마나 진지한 거야? 이런 상태로는 계속해도 아무 의미 없어."

팀의 말에 멤버들은 당황했다.

"다들 볼일이 있어서 못 했던 거잖아."

"왜 갑자기 그렇게 부정적으로 말해."

이렇게 제각각 입씨름을 시작했다. 거기에 왠지 아들도 끼어들었다고 한다.

"나는 팀의 말이 이해가 돼. 최근 들어 다들 의욕이 안 느껴져."

그리고 방과 후, 팀은 "더 이상 저런 놈들이랑 같이 안 해."라며 곧장 집에 돌아갔다. 하지만 성실한 아들은 밴드에 기타가 없으면 곤란할 거라고 생각한 데다 말싸움을 하긴 했지만 잘 중재할 수 있으리라 기대하고 연습 스튜디오로 갔다.

아무도 오지 않아 스튜디오 앞에서 기다렸는데 5분쯤 있다 멤버들이 왔다. 그런데 처음 보는 소년이 한 명 끼어 있었다.

"어? 너는 이제 안 오는 줄 알고 새로운 기타리스트를 데리고 왔는데."

멤버 중 한 명이 말했다.

"억지로 함께할 필요는 없으니까 너는 이제 밴드에서 빠져 달라고 하려고 했어."

다른 멤버도 덧붙였다.

"그래도 일부러 기다려줬으니까 기타 두 대로 연습하면 어때. 기타가 두 대인 밴드는 소리가 두꺼워서 쿨하잖아."

키보드를 맡은 소년이 그렇게 말하며 수습하려 했지만, 아들은 그대로 집에 돌아왔다고 한다.

흔한 10대들의 말다툼이라고 할 수도 있다. 하지만 의문인 점은 왜 아들이 점심시간에 팀을 편들며 화를 냈느냐는 것이다. 아들은 친구들 사이에서 다툼이 일어나면 항상 "자, 자." 하며 그 자리를 정리하는 온화하고 냉정한 아이였기 때문이다.

"…그래도 뭔가 나한테 전부 말하지는 않은 것 같아."

배우자의 말에 아마 그럴 것이라고 생각했다.

분명히 앞으로 아들이 우리에게 말하지 않는 것들이 점점 늘어날 것이다.

여름이 되면 우리 구 공영주택지의 주민에게는 노을이라는 즐길 거리가 생긴다. 교외의 아무것도 없는 시골에 세워진 구 공영주택지의 유일한 장점은 바로 높은 지대에 자리 잡았다는 것이다. 맑은 날 정원에서 내려다보이는 거리는 그야말로 절경이다.

정원의 잔디 위나 현관 앞에 앉아서 나란히 늘어선 구 공영주택들과 초록 가득한 공원과 저 멀리 펼쳐진 바다를 내려다보고 차나 술을 마시며 멍하니 시간을 보내는 것은 우리 동네 사람들이 긴 여름밤을 즐기는 방법 중 하나다.

나 역시 캔맥주를 손에 들고 현관 앞에 앉아서 밤의 일광욕을 했다. 영국의 여름밤은 9시가 지나도 밝다.

언덕 아래로 펼쳐지는 구 공영주택지의 풍경을 바라보니 전보다 '얼룩덜룩 현상'이 더 진행되었다는 걸 알 수 있었다. 싼값에 구 공영주택을 구입해서 돈을 들여 리모델링한 사람들의 집은 일광욕실에 별동이 증축되어 있어 중산층다운 느낌이 물씬 풍겼다. 그에 비해 오래전부터 살고 있는 사람들의 집은 검소하고 살풍경하여 '전형적인' 공영주택다웠다.

한때 노동자 계급의 마을이라고 불렸던 이곳에서도 노골적인 계급이 얼룩덜룩하게 생겨났고 양측의 격차는 점점 커지기만 하는 것 같다. 이 현상을 두고 이 지역의 수준이 향상

되는 것이라고 말하는 사람도 있는데, 수준 향상이라는 게 정말로 이런 것일까.

아름다운 풍경도 너무 자세히 들여다보면 이것저것 고민하게 되네. 마음이 씁쓸해져서 맥주를 마시는데, 아들이 주스를 담은 컵을 들고 나와서 내 옆에 앉았다.

한동안 말없이 둘이서 풍경을 바라봤다.

"아빠한테 들었어?"

아들이 먼저 묻기에 답했다.

"…뭐, 밴드는 또 만들면 돼."

"응."

"팀이랑 둘이서 힙합 유니트를 하는 건 어때?"

"응, 팀이랑 함께할 거야… 계속 팀이랑 함께하고 싶어."

그렇게 말하고 입을 굳게 다문 아들의 옆얼굴을 보고 있으니, 어째서 아들이 밴드 멤버들에게 그답지 않은 말을 했는지 알 것 같았다.

GCSE 따위는 나와 상관없다고 하는 팀의 마음, GCSE 준비와 과외로 바쁜 멤버들과 '다른' 팀의 마음, 집에 돌아가면 우울증인 엄마가 누워 있는 팀의 마음. 아들은 그 마음을 생각해버린 것이 아닐까. 그래서 다른 멤버들에게 덤벼드는 팀을 혼자 둘 수 없었던 것 아닐까.

정원에 고급 스파용 욕조가 있는 집에서 번쩍번쩍 빛을 반사하는 붉은 레인지로버가 나와 떠나갔다. 그 옆 보도에서는 바닥에 질질 끌리는 긴 운동복 바지를 입은 아이가 찰 때마다 이상한 소리가 나는 찌그러진 축구공으로 놀고 있었다.

한눈에 구분할 수 있는 돈 있는 사람과 돈 없는 사람의 생활이 무수하게 이어지는 거리를 내려다보며 우리는 그 광경을 아름답다고 한다.

그렇지만 더 먼 곳으로 시선을 향하면 그 너머에는 바다가, 그 위에는 푸르고 넓은 하늘이 끝없이 펼쳐져 있다.

아이들의 세계는, 여기만이 아니다.

"다음 주에는 기온이 내려간다니까 팀하고 아빠하고 낚시 다녀오면 어때?"

내 제안에 아들이 나를 돌아보더니 기쁜 얼굴로 끄덕였다.

불현듯 팀이 사는 언덕 위의 공영단지에서 보는 마을 풍경은 훨씬 아름답지 않을까 생각했다. 팀도 방 창문으로 이 경치를 본 적이 있을까.

저 마을 너머에 펼쳐진 바다와 하늘은 철책 따위로 둘러싸이지 않았다고 언젠가 팀에게 이야기해주고 싶다.

그래서 아줌마도 태어난 마을을 떠나 이토록 먼 곳까지 올 수 있었다고.

6

다시,
엄마의 나라에서

"이런 말을 하면 안 될지 모르지만… 왜 일본에는 이렇게 할머니 할아버지가 많아?"

아들이 약 5년 전에 내게 이렇게 물어봤던 것으로 기억한다.

매년 여름방학마다 후쿠오카로 귀성하는데, 내 부모는 시골에 살기 때문에 자연스레 덴진역이나 하카타역 주변처럼 젊은이가 많은 도심이 아니라 교외의 슈퍼마켓이나 쇼핑몰에 가곤 한다.

아들은 어렸을 때는 몰랐던 것 같은데 일곱 살 정도가 되자 길을 오가는 사람들의 인구 구성이 영국과 다르다고 이야기하기 시작했다.

나아가 그로부터 1, 2년 뒤에는 이런 말도 했다.

"일본에서 차를 운전하는 건 노인이랑 여성뿐이네. 남자들은 어디 있어?"

평일 낮에 남자들은 일을 하니까… 하고 답하려던 나는 문득 생각했다. 영국의 남자들도 평일 낮에는 일을 하기 때문이다. 하지만 일본처럼 자동차 운전자가 여자뿐이지는 않다.

영국은 일본보다 평일 낮에 운전하는 사람들의 남녀 비율이 고르다는 뜻일까.

이런 이야기를 후쿠오카의 본가에서 저녁밥에 맥주를 마시면서 했는데, 아버지가 말했다.

"일본에서는 엄마들이 뭐든 빠릿빠릿하게 해치우잖아. 시간제 아르바이트에 장보기에 애들 배웅에 부모 돌봄에 기타 등등, 자동차로 여기저기 뛰어다니는 건 엄마들이야. 그래서 여자들만 운전하는 것처럼 보이는 게야."

가슴을 가시로 살짝 찔리는 듯한 느낌이 들었다.

우리 집에서 '뭐든 빠릿빠릿하게 해치우는 사람'은 아버지였기 때문이다.

내 어머니는 정신병을 앓고 있다. 벌써 한참 전부터 그랬다. 나와 아들이 영국에서 와도 어머니는 안쪽 방에서 나오지 않는다.

아들은 어릴 적에 내 어머니를 몹시 무서워했다. 안쪽 방에 누군가 있는 건 알았다. 하지만 어머니가 화장실을 가거나 부엌에 선 채로 테이블 위에 놓인 음식을 손으로 집어 게걸 스레 먹는 걸 보면 아들의 작은 몸은 그대로 굳었고 얼굴은 유령이라도 본 듯한 표정을 지었다.

"네 할머니는 정신적인 병 때문에 컨디션이 좋지 않아."

이런 설명을 이해할 수 있는 나이가 되자 아들은 한동안 유독 할머니 곁에 다가가서 밝게 인사하거나 걷다가 비틀거 리는 할머니를 도와주는 등 신경을 썼다.

그러나 아픈 사람에게는 조그만 아이가 가까이 와서 이러 쿵저러쿵 말을 거는 게 귀찮게 마련이다. 그래서 아들의 배려 는 언제나 예상과 다른 결과를 맞았고, 괴로운 경험도 했다.

매년 그런 일들을 겪으면서 아들은 점점 할머니를 대하 는 데 능숙해졌다. 상대방이 하고 싶은 대로 하게 두면 된 다, 내 세계와 상대방의 세계를 교차시키려 하지 않으면 상 대방도 공격적으로 나오지 않는다. 아들은 이런 것들을 알 게 되었고, 약간의 체념을 익혀서 할머니와 어울릴 수 있게 되었다.

그럴 수 있었던 또 다른 이유도 있다. 오래전부터 앓은 병 에 더해 인지저하증 증세가 나타나 어머니가 이런저런 일을 잊게 되었던 것이다. 어머니는 내 아들을 기르는 개의 이름으로 부르거나 자신의 남동생의 이름으로 부르게 되었다. '가 끔씩 우리 집에 와서 내 생활을 어지럽히는 시끄러운 꼬맹이' 였던 손자가 지금은 텔레비전에 나오는 아이나 동물과 그리 다르지 않은 존재인 모양이다.

기억력 저하가 현저해지는 동시에 어머니의 인격은 전보다 부드럽고 순해졌다. 그 덕에 예전처럼 돌발적으로 심한 언동을 하거나 감정을 폭발시키지 않게 되었다.

어머니의 인지저하증이 심해질수록 아버지가 본격적으로 활약해야 했다. 오래전에는 그저 마초 시골 아저씨에 집안일을 전혀 하지 않는 육체 노동자였지만, 지금 아버지는 섬유유연제가 간당간당한 것부터 쓰레기 수거일이 공휴일 때문에 변경된 것까지 전부 완벽하게 파악하는 주부가 되어 어머니를 돌보고 있다.

이렇게까지 할 수 있는 사람이었다니 감탄할 만큼 세심한 가사 솜씨를 보면, 좀더 젊었을 때부터 지금의 10분의 1이라도 가정에 마음을 쓰지 그랬느냐는 생각이 든다. 그랬다면 어머니의 병이 지금보다 덜 진행되지 않았을까.

그렇지만 이제 와서 여든 가까운 아버지에게 그런 잔소리를 해봤자 소용없다. 그는 이미 10년 넘게 집안과 어머니를 훌륭히 돌보고 있다. 그 덕에 내가 영국에서 마음 가는 대로 생활할 수 있는 것이다. 10대, 20대에는 이래저래 많이 싸웠지만, 지금의 그에게는 감사하는 마음밖에 없다.

그런 이유로 가끔은 아버지를 쉬게 해야겠다고 생각했다. 게다가 기억력 저하가 심각해서 두루뭉술해진 지금의 어머니라면 함께 여행할 수 있을 것 같았다. 그래서 올해 여름에는 부모님, 아들, 본가에서 기르는 개까지 함께 유후인湯布院의 온천에 여행을 가기로 했다.

아들에게는 난생처음 조부모와 함께하는, 게다가 개까지 데리고 가는 여행이었다.

굳이 말하면 아들은 후자 쪽에 흥미가 많은 듯했다. 아들은 개와 함께 묵을 수 있는 숙소를 인터넷으로 찾는 등 여느 때보다 여름 귀성을 기대했다.

온천 마을의 세계화

일본은 아직 이민 국가가 아니지만, 앞으로 영국과 비슷한 길을 나아가게 될 것이다.

이런 말을 지금껏 수없이 들었는데, 이번 귀성에서는 깜짝 놀랐다. 온천 마을은 이미 영국처럼 되어 있었기 때문이다.

우리가 머문 곳은 유후인에서 반려동물과 함께 가도 괜찮은 숙소들 중 한 곳이었다. 도착한 순간부터 놀라웠던 점은 짐을 방까지 옮겨주고 차와 과자 등을 내주는 종업원이 모두 일본어가 능숙한 젊은 중국 여성들이었다는 것이다.

심지어 그들 중 대부분은 영어도 잘해서 아들이 무언가 물어보면 영어로 대답해주었다.

드넓은 논이 있는 산기슭의 온천 마을이 갑자기 세계화의 현장으로 보였다. 종업원 대부분이 외국인 억양의 영어를 구사하는 런던 근처 호텔과 비슷한 상황이었다.

노천탕으로 가는 길에 숙소의 주인 여자와 마주쳐서 잠시 이야기를 나눴다. 본가에서 데려온 개에 대해 이야기하는데 그가 부드럽게 물어봤다.

"어디에서 오셨어요?"

아, 영어로 된 내 성과 영어로 말하는 아들을 보고 묻는 건가.

"영국에서요. 후쿠오카의 본가에 부모님을 뵈러 왔어요."

내 대답에 그가 말했다.

"아, 영국요. 여기서 일했던 대만 출신 아이가 작년부터 런던의 대학교에서 공부하고 있어요. 몇 번인가 엽서를 보냈는데 내년 설에는 여기에 놀러 오겠다고 하더라고요."

"와, 그렇군요. 여기서 일하시는 분들은 모두 일본어가 정말 유창하네요. 영어도 잘하는 분이 많아서 깜짝 놀랐어요. 역시 요즘은 유후인에도 외국인 관광객이 많나 봐요?"

"네, 저희는 중국에서 오는 손님이 많고, 유럽이나 미국에서도 손님들이 오세요. 직원들이 정말 큰 도움을 주고 있답니다."

이런 대화를 나누고 주인 여자와 헤어졌다. 일단 내가 해외에서 온 것을 확인하고, 그다음부터 갑자기 신을 내며 외국인 종업원들에 대해 이야기하기 시작한 그의 변화를 떠올렸다.

이런 일은 영국에도 있겠지, 하고 생각했다.

개를 데리고 식당까지 갈 수는 없어서 저녁밥은 방에서 먹기로 했다. 아까 이야기를 나눈 숙소 주인의 아들인 듯한 남성이 전골을 만들러 방에 들어왔다.

남성은 익숙한 손길로 냄비에 채소를 넣고 육수용 재료를 건져낸 다음, 소고기와 돼지고기를 재빠르게 데쳐서 앞접시에 놓아주었다. 그러는 와중에도 그는 여유로운 말투로 우리와 잡담을 하거나 농담을 했다.

개를 무척 좋아하는 사람인지 방바닥에 앉아 가만히 그의 작업을 바라보는 우리 개에게도 말을 걸어주었다.

"아주 잘생긴 시바견이네요. 요즘 시바견은 인기가 정말 많죠."

남성의 말에 아버지가 답했다.

"전에는 계속 잡종을 길렀는데 마지막으로 기르던 개가 죽은 뒤로 이제 나도 나이가 있으니까 끝까지 책임지지 못할 바에는 기르지 않으려고 했어요…."

내가 옆에서 끼어들었다.

"죽은 개를 5년이나 추도했어요. 아무리 권해도 더 이상 기르지 않겠다고 고집을 부리시니까 설득은 포기하고 그냥 브리더한테 가서 이 아이를 데려왔어요."

진실을 말하면 지난해에 브리더에게 시바견을 받아다 무작정 본가에 두고 영국으로 돌아가자는 아이디어를 냈던 사람은, 오랜만에 일본에 왔던 배우자였다. 그는 몇 년 전부터 "아빠의 생활은 너무 쓸쓸하니까 반드시 개가 필요해."라고 말해왔다. 아버지에게 어두운 소리를 듣고 구물대는 나와 달리 배우자는 곧장 아들과 함께 브리더를 방문해 그날로 개를 입양하는 수속을 마쳤다.

애처롭게 포기하고 행동하지 않는 일본 콤비, 그와 정반대로 일단 행동하고 보는 영국 콤비. 우리 집에는 그런 구도가 있다.

"시바견은 참 좋죠. 일본인이라면 역시 시바견이에요."

남성이 말했다. 왠지 이쪽의 반응을 살피듯이 말해서 나는 통로에서 대화했던 주인 여자가 다시 떠올랐다.

"영국에서 온 사위가 작년에 이 녀석을 찾아줬어요. 왠지 영국에서도 시바견의 인기가 엄청나다네요. 시바견도 이제는 어엿하게 세계적인 개가 되나 봅니다."

아버지가 그렇게 말하며 개의 머리를 쓰다듬었다. 외국에서 왔다는 말에 남성의 말투가 갑자기 밝아지는 것 같았다.

"오, 그렇군요. 이제는 저희도 외국에서 오시는 손님이 더 많아요. 직원들도 외국에서 일하러 온 사람들이고요. 온천도 시바견도, 가장 일본답다고 하는 것부터 세계적인 것이 되는지도 모르겠네요."

"직원들이 모두 일본어를 엄청 잘하시던데요. 제 아들과 영어로도 대화해주시고요. 정말 대단해요."

"다들 공부를 열심히 해서 저는 절로 고개가 숙여져요. 저희는 중국에서 오시는 손님이 많아서 지금 직원들이 없다면 숙소를 운영할 수도 없어요. 이 온천 마을에는 이제 주로 외국인 관광객을 상대하는 곳이 많아요."

"그런데 요즘처럼 비만 내리면 역시 손님 수도 영향을 받지 않나요?"

"아뇨, 올해는 비보다 심각한 일이 있어요."

남성은 그렇게 말하고는 조리용 젓가락을 고기와 채소가 담긴 큰 접시 위에 두었다.

"한국에서 오시는 손님이 뚝 끊겼거든요."°

"아…."

남성의 말에 나와 아버지는 동시에 목소리를 냈다.

"저희는 주로 중국에서 오시는 손님을 받으니까 그나마 낫지만, 한국인 관광객이 대부분인 곳도 있어요. 그런 데는 올해 정말 큰 타격을 받았죠. 저희도 하루에 한 팀 정도는 한국인 관광객이 왔는데, 올해는 전혀…."

"그렇게 뚜렷하게 영향을 받는군요…."

"최근 들어 유후인은 거의 매년 무언가 피해를 입었어요. 지진, 수해, 대형 태풍. 올해는 아무 일도 없나 보다 했는데 말이죠."

"천재天災가 없을 때는, 인재人災인 거군요."

내 말에 남성이 고개를 끄덕였다.

"일본에는 원래 천재가 많죠. 그건 어쩔 수 없다고 쳐도 올해 같은 일은 피할 수 있었다면 피했어야 해요. 그런 일을 하는 게 정치라고 생각합니다만."

남성은 지긋지긋하다는 듯이 말했다.

°   2019년에 일어난 일본 상품 불매 운동의 영향을 받은 것이다.

이튿날, 우리는 일찍 일어나서 개와 함께 산책을 나섰다.

좁은 언덕길을 내려가서 넓은 국도로 나갔다. 오전 6시가 조금 넘은 시간이라 자동차는 거의 다니지 않았다. 세 사람과 개 한 마리가 느긋하게 내리막길을 걷는데, 반대편에서 젊은 여성의 무리가 우리 쪽으로 올라오는 것이 보였다. 모두 온천 마을에 있는 숙소들의 로고가 들어간 티셔츠나 승복 같이 생긴 유니폼을 입고 있었다. 등 뒤에 가방을 메고 머리카락을 뒤로 질끈 묶은 여성들이 줄줄이 걸어왔다.

온천 마을 직원들의 기숙사가 이 근처에 있는 게 분명했다. 중국어로 즐겁게 담소하며 지나쳐 가는 여성들이 우리에게 차례차례 "안녕하세요!"라고 인사를 건넸다. 왠지 오래전 영화인 「큐폴라가 있는 마을」에서 여공들이 점심시간에 노래하는 장면이 떠올랐다. 그런 목가적인 광경이었다.

키가 큰 젊은 흑인 여성이 연한 분홍색 승복 같은 유니폼을 입고 이쪽으로 다가오는 것이 보였다. 오, 아시아가 아닌 나라에서 일하러 온 사람도 있구나. 그 사람을 바라보는데 무슨 생각을 했는지 우리 개가 그를 향해 요란하게 짖기 시작했다. 좀 전까지 출근하는 여성들이 "귀여워."라며 머리를 쓰다듬어도 가만히 있었으면서 갑자기 불이 붙은 듯 흑인 여성을 향해 으르렁거렸다. 아버지가 "왜 그렇게 짖어." 하며 목줄을 세게 당겼고, 아들도 개에게 다가가 "진정해. 흥분하지 마."라고 영어로 말을 걸었다.

젊은 흑인 여성이 깔끔한 발음의 영어로 개에게 말을 걸었다.

"착한 아이네. 괜찮아. 걱정하지 마, 핸섬 도그."

"죄송해요. 평소랑 다른 동네를 산책하니까 흥분한 거 같아요."

아들도 영어로 그에게 말했다.

"얼굴이 무척 똑똑해 보이는걸. 한 사람만 생긴 게 전혀 다르고 몸집이 큰데, 점점 다가오니까 '뭐야, 이 생물은.' 하고 놀란 건지도 몰라, 아하하하."

그는 호쾌하게 웃었다. 비아냥거리는 느낌은 전혀 없었고, 마치 그 상황을 즐기는 듯한 밝은 웃음이었다. 거북한 분위기를 단번에 풀어주는 태양처럼 밝은 미소.

"시바견은 뷰티풀. 무척 똑똑하고, 언젠가 길러보고 싶어요. 저도 개를 정말 좋아해요."

그는 이번에는 유창한 일본어로 말하더니 "바이."라며 떠났다. 아버지가 개의 목줄을 당기며 다시 걸어가기 시작했지만, 아들은 한동안 멀어지는 흑인 여성의 뒷모습을 돌아보았다.

다시 만날 날까지

"그 사람의 웃음, 정말 좋았어."

후쿠오카의 본가로 돌아온 뒤에도 아들은 여러 번 말했다.

'다른 사람'이라고 인식되는 것은 일본에 올 때마다 아들도 체험하는 일이다. 조심성이라고는 없이 빤히 쳐다보기도 하고, '일본어를 못하는 사람'이라고 놀라기도 한다. 줄곧 그런 경험을 한 아들이 일본에서 살고 있는 외국인 노동자를 그렇게 많이 본 것은 처음이었다.

지난번 후쿠오카에 왔을 때는 본가 근처의 일본요릿집에서 술 취한 중년 남성이 "You는 뭐 하러 일본에?"라며 시비를 걸었다.° 아들은 그 일을 오랫동안 기억했는데, 올해는 온천 마을에서 만난 웃음이 마음속에 강하게 새겨진 듯했다.

"You는 뭐 하러 일본에?"라는 질문을 받으면, 그 흑인 여성을 비롯해 유니폼을 입고 줄줄이 출근하던 온천 마을의 외국인 여성들은 "일하러 왔어요."라고 당연하게 답할 것이다. 현실은 텔레비전에 나오지 않는 곳에서 척척 진행되는 법이다.

"웃음이라니까 말인데, 너도 올해는 공항에서 웃어줘. 이제 열세 살이잖아. 어엿한 틴에이저니까."

° 『나는 옐로에 화이트에 약간 블루』 중 「엄마의 나라에서」 참고. 'You는 뭐 하러 일본에?'는 일본 예능 프로그램의 제목이다. 공항에서 마주친 외국인에게 일본에 온 이유를 묻고 흥미로운 사연이 있는 사람을 밀착 취재해서 소개하는 프로그램이다.

나는 아들에게 말했다. 영국에 돌아갈 날이 가까워지면, 나와 아들과 아버지 사이에서는 "울지 마."가 농담의 소재가 된다. 매년 빠뜨리지 않고—이제 질릴 때도 된 것 같은데— 아버지와 아들이 공항에서 눈물을 흘리며 드라마틱한 이별 장면을 보여주기 때문이다.

게다가 올해는 아버지가 좀 불길한 이야기를 했다. 오래전 아버지가 젊은 나를 공항에서 배웅하며 종잇조각을 건네준 적이 있는데, 이번에 그 종이가 화제에 올랐다.

아버지가 준 종이에는 "꽃의 생명은 짧고 괴로운 일만 너무 많았네."라는 하야시 후미코의 시가 쓰여 있었다. 내가 쓴 책에서 그 일화를 읽은 한 지인은 "딸이 외국으로 떠나는 아침에 뭐 저렇게 어두운 문장을 적어서 주나 어처구니없었어." 라고 했다. 내가 그 말을 전하며 웃었더니 아버지가 "올해는 손자에게 공항에서 편지를 주겠어."라는 불길한 말을 했다.

심지어 그 말을 들은 아들까지 "할아버지한테 편지 쓸래." 라고 나섰다. 안 그래도 할아버지와 손자가 (부끄러울 만큼) 통곡하며 헤어지는데 왜 굳이 분위기를 더 돋우려는 걸까.

여든을 목전에 둔 할아버지와 10대 손자가 공항에서 얼싸 안고 우는 모습을 보면 '일본인은 감정을 드러내지 않는다.'라 는 속설이 터무니없는 거짓말로 여겨질 정도다. 거기에 감성적인 편지 교환까지 했다가는 대체 어떤 일이 벌어질지.

그런 불안을 느끼면서 마침내 귀국하는 날을 맞이했다.

아들이 전날 밤에 자신의 편지를 일본어로 번역해달라며 주었기 때문에 나는 무슨 내용인지 미리 알게 되었다. 사실 나는 아들이 어떤 편지를 쓸지 지레짐작하고 있었다. 할아버지를 정말 좋아한다든지, 1년에 한 번밖에 못 봐서 계속 재회할 날을 기다리고 있다든지, 그런 우등생답고 감상적인 내용일 게 틀림없다고 생각했다.

그렇지만 아들이 건네준 편지는 내 예상과 좀 달랐다. 내가 상상했던 문장으로 시작했지만, 그는 마지막에 다음과 같은 내용을 적었다.

당신은 겸허하고 무척 따뜻한 사람입니다.

당신이 할머니와 함께해줘서, 항상 할머니를 돌봐주어서, 우리는 무척 행운입니다.

아들의 내면에 존재하는지 안 하는지 알 수 없던 사람이 편지에 등장해서 나는 깜짝 놀랐다.

후쿠오카로 귀성할 때마다 낚시를 가든 야구 시합을 보든 매번 할아버지가 함께했고, 안쪽 방에 있는 할머니와는 아무런 유대감도 쌓지 못했다. 그런데 아들은 내 부모의 관계, 그리고 영국에 있는 우리와 내 부모의 관계를 언급하며 할아버지에게 쓴 편지에 할머니의 존재도 담았다. 냉정한 아들다운 편지라고도 할 수 있다. 그는 이제 아이에서 벗어난 관점으로 우리 가족의 모습을 보는 게 틀림없었다.

공항에 도착해서 탑승 수속을 마친 우리는 보안검색장 입구 근처의 벤치에 앉았다. 아들이 할아버지에게 편지를 드리라고 해서 그렇게 했다. 우리가 보안검색장에 들어간 다음 읽을 줄 알았는데, 의외로 아버지는 바로 봉투를 열어서 읽기 시작했다.

아무 말 없이 무뚝뚝한 표정으로 편지를 읽은 아버지는 마지막까지 훑어본 다음 작게 중얼거렸다.

"이 녀석, 잘 보고 있었구먼."

그 뒤에 여느 때처럼 일어나서 보안검색장 입구로 가자 아들이 먼저 고개를 숙이고 울기 시작했다. 그 모습을 본 아버지가 눈이 새빨개져서는 "힘내."라고, 아들은 "할아버지, 잘 지내요."라고 했다. 끝없이 끌어안고 있는 두 사람을 "이제 들어가지 않으면 탑승에 늦으니까."라며 억지로 떼어내고 보안검색장으로 들어갔다.

곧장 탑승 게이트로 가서 비행기에 올라타 좌석에 앉았는데 문득 생각났다.

"그러고 보니까 할아버지는 편지 안 줬어?"

아들은 가방 주머니에서 지저분한 종이를 꺼내며 말했다.

"줬어. 그런데 에어플레인, 에어플레인, 하는 게 나중에 보라는 얘기 같아서."

아들은 접힌 종이를 천천히 펼쳤다.

'시 아 순.'이라는 일본어가 악필로 쓰여 있었다.

아마 "See you soon.^{곧 또 보자.}"이겠지. 헤어질 때마다 아들이 그렇게 말했던 걸 기억하고 쓴 모양이다. 영어로 인사하려고 한 노력은 인정하지만, 그걸 일본어로 쓰면 어차피 아들은 못 읽는다.

그런데 아들은 또다시 눈물이 그렁그렁해져서 말을 잇지 못했다. 그 글자 아래에 할아버지와 시바견이 눈물을 뚝뚝 흘리는 그림이 그려져 있었기 때문이다.

나 참, 딸에게는 그렇게 허세 가득한 어두운 시를 선물했으면서 손주에게는 이런 편지라니.

나는 아들의 등을 쓰다듬었다. 비행기를 갈아타는 인천공항까지 아들은 울음을 멈추지 않았다.

7

'굿
럭'
의

계
절

새 학기가 되었다.

9학년이 된 아들은 스스로 선택한 과목 중 하나인 BTEC 음악 과정을 공부하기 시작했다. BTEC(상업기술교육위원회: 잉글랜드, 웨일스, 북아일랜드의 중등교육 졸업 인정과 계속 교육° 인정을 한다.)의 성적 인정은 GCSE의 결과와 동등한 가치가 있기에 아들의 학교에서는 BTEC 음악 과정을 채택하고 있다.

GCSE와 비교하면 BTEC가 실용적이고 상업적이라서 작곡, 연주, 이론뿐 아니라 음악을 상품화하는 사업적인 내용도 배운다고 한다. 그와 더불어 DJ 기술 같은 것도 배운다는데, 브라이턴에도 이 과정을 마련한 중학교가 몇 곳 있다. 아들의 학교가 그중 하나다.

° Further Education. 중등교육 수료 후 대학 진학이 아닌 취업을 목표로 이뤄지는 직업 교육을 가리킨다.

아들은 얼마 전 컴퓨터로 숙제를 하나 했다.

"잠깐 볼래?"

나를 부르기에 아들의 방에 가보니, 그는 자신만만한 얼굴로 책상 위의 노트북을 가리켰다.

"이번 숙제인데 콘서트 기획자가 되어서 고객에게 공연장을 제안하는 발표 자료를 만들어 오래. 실제로 브라이턴에 있는 공연장을 골라서 그곳을 추천하는 선전용 자료를 만들었어."

파란 배경의 파워포인트 슬라이드에 브라이턴 중심지에 있는 공연장의 로고가 두둥 떠올랐다. 각 페이지의 오른쪽 위에 그 로고가 있었고, 사진과 영상을 곁들이며 입지 조건과 수용 인원, 음식 코너의 정보, 장애인 접근성 등을 설명했다. 슬라이드 전환 방식까지 공들여 만든 아들의 자료는 중학생이 한 것치고 꽤 프로 느낌이 났다.

'과거에 공연한 아티스트'라는 슬라이드도 있었는데, 제이크 버그, 시아, 팻보이 슬림 등의 이름이 사진과 함께 보였다.

"닥터 필굿도 거기서 공연한 적 있어."

"그게 누구야?"

"선생님은 좋아할 테니까 넣어놔. 선생님 나이라면 반드시 좋아할 거야."

중년을 넘어선 입장에서 조언했다.

"어쨌든 엄청 재밌을 것 같은 숙제네. 완성한 거야?"

"실은 아직 모르는 정보가 있어."

"뭔데?"

"여기 무대를 빌리는 데 필요한 비용, 그리고 기자재를 반입할 때 규정. 그런 건 홈페이지에 없거든. 담당자 메일 주소가 있어서 메일을 보내봤는데, 답장이 없어…."

"뭐? 그런 것까지 넣어야 돼?"

"비즈니스니까. 비용은 제일 중요한 문제잖아. 그걸 빼고 발표할 수는 없어. 실은 이 공연장을 선택한 건 나뿐이야. 나 말고는 모두 다른 공연장을 골랐는데, 거긴 음악부 졸업생들이 공연을 했던 데라서 선배들한테 요금 같은 걸 물어봤대. 다들 인스타그램으로 정보를 주고받으면서 써먹고 있어."

"왜 너는 같은 곳으로 하지 않았어?"

"거기는 좀 너무 주류라고 할까…. 기왕이면 좀더 앞서가는 아티스트가 공연한 곳이 좋아."

어른 못지않게 말하는 아들을 보면서 나는 진심으로 영국의 중학생이 되고 싶었다. 저만한 나이에 나는 음악 수업에서 뭘 했더라 떠올려보니, 당시 불렀던 러시아 민요의 한 소절이 머릿속에서 하염없이 재생되었다.

"내일모레까지 숙제를 내야 하니까, 내일은 답장이 오면 좋겠는데."

아들은 그렇게 말했지만, 이튿날 학교에서 돌아와 확인해도 답장은 오지 않았다. 아들이 얌전한 표정으로 내 방에 와서 말했다.

"지금부터 담당자한테 전화를 할 거야. 그러니까 옆에 있어줘."

"뭐? 공연장에 전화하려고?"

"응."

아직 변성기가 오지 않은 아들의 목소리는 누가 들어도 어린아이 같았다. 상대방이 장난전화라고 생각하지 않을까 걱정되었다.

"아냐, 그런 전화는 역시 어른이 하는 게 나아. 내가 할게."

내가 제안했지만 아들은 스스로 전화한다며 물러서지 않았다.

"내가 할게. 그 대신에 엄청 긴장되니까, 옆에 있어줘."

"…알았어. 그럼 뭔가 일이 잘못되면 바꿔줘."

아들은 크게 심호흡을 하고는 스마트폰에 전화번호를 입력했다. 스피커폰으로 전환하자 연결음이 몇 차례 울린 다음 "헬로." 하는 남성의 목소리가 들렸다.

"저, 인터넷으로 보고 전화했습니다만, 무대를 빌리는 데 드는 비용을 알려주실 수 있을까요?"

아들은 어린아이라는 게 빤히 보이는 (빤히 들리는) 목소리로 말했다. 불안하기 때문인지 평소보다 크고 긴장된 목소리였다.

"지금 담당자가 없으니 메일을 보내주세요. 메일 주소는…."

"아, 네…."

아들이 그렇게 답하면서 펜을 쥐기에 나는 그의 얼굴을 보며 '노! 그러면 안 되잖아.'라고 눈으로 신호를 보냈다. 아들 앞으로 손을 내밀어 전화기를 잡으려 했지만, 아들은 조금 흥분한 목소리로 말을 이었다.

"아니, 저, 저기… 사실 저는 중학생인데 학교에서 BTEC 음악 과정을 배우고 있어요. 그래서 저기, 숙제로 해야 하는 프로젝트가 있는데, 공연의 기획자가 된다는 설정으로, 저기, 브라이턴의 공연장을 한 곳 골라서 그곳을 콘서트장으로 추천하는 자료를 만들어야 하는데, 그래서…."

저렇게 자세히 설명할 필요가 있나 싶었다. 긴장해서 속사포처럼 말을 쏟아낸 아들에게 전화기 너머 남성이 말했다.

"그래서 우리를 골랐다고?"

"아, 네. 그래요."

"오, 고맙네."

아들의 설명을 듣자마자 남성의 목소리가 친근하게 바뀌더니, 무대를 빌리는 비용과 기자재를 반입하는 시간 등을 지나치게 친절히 설명하기 시작했다. 결국, 이 사람이 담당자 아니었을까.

대략 설명을 마치고 남성이 말했다.

"BTEC 음악 과정을 밟는다면 너도 악기를 하니?"

"네, 기타를 치고 있어요. 얼마 전까지 밴드도 했고요."

"얼마 전?"

"네, 음악의 방향성이 달라서 탈퇴했어요."

마치 전문가처럼 말하는 아들 옆에서 간신히 웃음을 참는데, 전화기 너머 남성이 말했다.

"밴드를 하면 그런 일이 계속 반복돼. 다시 만들면 그만이야. 굿 럭Good luck. 언젠가 우리 무대에서 연주해줘."

"네!"

전화를 걸 때의 딱딱하게 굳은 얼굴과 전혀 다르게 밝고 고양된 표정으로 아들이 전화를 끊었다. "뭔가, 되게 좋은 사람이네." 내가 말했다.

"음악을 좋아하는 사람이니까. 나는 알 수 있어."

아들은 그렇게 말하더니 메모지를 쥐고 방으로 돌아갔다. 이제 숙제를 끝낼 수 있을까 싶었는데, 기타 소리가 울리기 시작했다.

이 일로 아들의 음악에 대한 열의가 다시 불붙을 것 같다.

그건 그렇고, 벌써 저런 전화를 혼자서 할 수 있게 되었나 생각하니 마음이 복잡했다.

영국에서는 '어제까지 기저귀를 차고 있었는데.'라는 말을 종종 쓰는데, 나도 정신 똑바로 차리지 않으면 아들의 소년기 같은 건 순식간에 끝나버릴 것이다.

옆집의 이사

정말로 순식간에 소년기를 지나 문득 깨닫고 보니 폭삭 늙어버린 사람이 아주 가까운 곳에 있다. 옆집 아들 이야기다.

그는 10년 정도 전까지 자주 우리 집을 드나들었다. 아들이 태어나기 전에는 반쯤 우리 아이 같은 느낌으로 지내기도 했다. 그는 '구 밑바닥 중학교'가 정말로 밑바닥을 향해 돌진하던 시기의 졸업생인데, 이제는 삼십 줄에 접어들어 자식도 있다.

그는 10대에 난폭하기로 유명한 불량아였다. 내가 런던으로 통근을 하던 무렵에 그는 지금의 내 아들과 비슷한 연령이었다. 그때만 해도 우리 집 앞에는 BT(브리티시 텔레콤)의 공중전화 박스가 있었는데, 그는 공중전화 박스의 유리를 사방에서 깨뜨리고는 폐허가 된 그곳에서 웃통을 벗고 책상다리로 앉아 있기도 했다. 어스레한 시간에 그 모습을 본 나는 이렇게 무서운 동네에서 살아도 괜찮을까 생각했다.

그 무렵부터 있었던 동네의 변화를 생각해보면—소소한 규모지만—역시 우리 구 공영주택지에도 젠트리피케이션 gentrification°의 손길이 미쳤다고 할 수 있다. 토니 블레어 정권의 신자유주의적 정치와 그 경향을 더욱 강화한 보수당 정권의 긴축 재정하에 젊은 중산층 가정이 도심에 집을 살 수 없는 시대가 도래했다. 그 때문에 전에는 볼 수 없었던 말쑥하고 세련된 30대 커플이 이 동네로 이사를 오기 시작했다. 공영주택을 구입해서 안팎을 돈 들여 수리하는 게 유행이 되었기 때문이다. 좀 평판이 좋지 않아도 집값은 저렴한 구 공영주택지로 이사하는 게 가정을 막 꾸린 세대에게는 현실적인 선택지가 된 것이다.

몇 년 전부터는 영국에 정착하여 아이를 키우는 외국 국적 커플들도 그런 유행에 올라탔다. 우리 집 근처만 봐도 독

°　　낙후되었던 지역이 번성해 중산층 이상의 사람들이 몰리면서 원래 살던 저소득층 주민이 밖으로 내몰리는 현상을 가리킨다.

일인과 프랑스인 가정이 있다. 그런 사람들에게 집을 팔고 브라이턴보다 집값이 싼 지역으로 이사를 나가는 주민도 늘어나고 있다.

멀리 찾아볼 것도 없다. 우리 옆집도 1년 넘게 부동산에 집을 내놓았지만 좀처럼 산다는 사람이 나타나지 않다가 이번에 경사스럽게도 거래가 성립되었다. 젊은 폴란드인 커플이 구입했다고.

"서른 살 정도에 만삭인 여자가 혼자서 불쑥 보러 왔는데, 둘러보더니 집을 사겠대. 벌써 산달이라던데. 남편은 일 때문에 바빠서 오지 못했다나."

옆집 엄마가 그렇게 말했다.

그는 공영주택에서 태어나고 성장한 사람이다. 어린 시절 부친에게 심각한 학대를 당한 것, 모친이 그걸 알고 부친을 쫓아낸 것, 그 뒤로 모친이 홀로 그와 쌍둥이 오빠를 키운 것, 열여덟에 오빠가 알코올 의존증으로 숨진 것. 집은 그의 인생을 전부 지켜봤다.

그는 결혼을 했고, 이혼했다가 다른 남성과 동거도 했다. 그 과정에서 아이를 두 명 낳았다. 처음 결혼한 남성은 도박에 빠져 있었다. 그가 집안의 돈을 전부 써버리는 바람에 갈라섰다. 그 다음에 만난 남성들 역시 술에 취하면 폭력을 휘

두르거나 아침부터 마약을 하는 등 죄다 문제가 있었다. 결국 그는 자신의 모친처럼 싱글 맘이 되어 그 집에서 아이들을 키웠다. 항상 돈 때문에 고생했지만, 딱 하나 성공했다고 생각하는 일이 있으니 마거릿 대처 정권이 공영주택을 민간에 팔아치웠던 시기에 친척들에게서 돈을 빌려 살던 집을 구입한 것이다. 일단 비바람을 피할 집은 있었고, 그 집이 자기 것이었기 때문에 어떻게든 아이들을 데리고 생존할 수 있었다고 그는 말했다.

"공영주택지의 남자 중에 가정폭력도 도박도 안 하고, 알코올에도 마약에도 의존하지 않는 사람은 하느님만큼 드물다고 생각하는 게 나아."

오래전 이런 거친 말을 옆집 엄마가 했을 때는 역시 너무 위험한 곳에 살게 되었구나 생각했다. 하지만 그 말 역시 구공영주택지가 된 지금 이 동네에는 맞지 않는다. 지금은 오피스 캐주얼 차림을 한 중산층다운 남성들이 일하러 나가는 걸 일상적으로 볼 수 있고 길에 다니는 자동차의 종류도 바뀌었다. 시간의 흐름은 공동체를 변화시킨다.

그렇지만 옆집의 아들만은 오래전 이 동네에 흔했던 서른즈음 남성의 풍모 그대로였다. 실업과 제로아워 계약, 여러 차례의 동거와 이별과 양육비, 이런 고생이 새겨진 옆집 아들의 외견은 '디자이너스 공영주택'°에 살고 있는 같은 세대 남성들과 비교해 훨씬 늙어 보인다.

돌이켜보면 옆집의 아들과 엄마는 오래전의 노동자 계급 이웃의 모습으로 항상 우리 곁에 있었다. 그들에게만 시간이 멈춰버린 듯했다. 우리에게 무슨 일이 있으면 옆집이 도와주었고, 옆집이 힘들 때면 우리가 도왔다. 20년이 넘는 시간 동안 계속 그래왔다. 그랬던 사람들이 마침내 없어진다는 사실에 나는 예상보다 훨씬 동요했다.

"계약금으로 쓸 목돈이 없으면 아무리 싼 집도 살 수 없잖아. 그래서 이 집을 팔면 아이들이 집 사는 걸 도울 수 있다고 생각했어."

옆집 엄마는 집을 팔려고 결심한 이유를 그렇게 말했다. 공장에서 일하거나 택시 운전을 하며 필사적으로 두 아이를 기른 사람이다. 옆집 엄마는 집을 팔고 자기는 카라반°°에서 살겠다고 했다는데, 그러면 아무래도 죄책감이 드니까 하지 말라고 아들딸이 반대했다고 한다. 그래서 멀리 시골 마을 방갈로(1층짜리 단독주택)에서 살기로 했다.

"태어나서 한 번도 이사를 해본 적이 없으니까 다른 집에서 눈뜨는 첫날 아침에 어떤 기분일까 상상해보고 있어."

옆집 엄마가 말했다.

°　　중산층이 구입해 호화롭게 리모델링한 구 공영주택을 '디자이너스 호텔'에 비유해 비꼬아 부르는 이름.

°°　　자동차에 매달아 끌고 다닐 수 있게 만든 이동식 주택.

"그러고 보니까 내 아버지가 '굿 럭.'이라고 전해달래. 그때,
10년쯤 전에 일본에서 아버지가 와서 우리 집 정원을 포클레
인으로 파헤쳤을 때, 자기가 가끔씩 담 너머에서 차랑 비스
킷을 간식으로 줬잖아. 그게 엄청 좋았는지 아버지가 아직도
그 얘기를 해."

내 말에 그는 갑자기 눈이 벌게져서는 말없이 아래쪽을
봤다.

그 할아버지는 아무래도 사람을 울리는 재주가 있는 모양
이다.

변해가는 일상의 풍경

이러저러하는 사이에 옆집이 이사하는 날이 되었다. 이삿
짐을 실을 커다란 하얀 트럭이 왔고, 이삿짐센터 직원이 차례
차례 짐을 날랐다.

지금은 다른 도시에 살고 있는 옆집 아들도 이사를 도우
러 왔다. 두 사람이 바쁘게 집에서 나갔다 들어갔다 하며 이
삿짐센터 직원에게 무언가 지시하는 것이 2층 창문으로 보
였다.

"드디어 가버리네."

학교가 쉬는 날이라 집에 있던 아들이 창밖을 내려다보며 말했다.

아이가 어릴 적에는 옆집 아들이 함께 잘 놀아주었지만, 초등학교에 입학할 나이가 되자 옆집 아들은 여자친구와 동거하거나 북부와 런던으로 돈을 벌러 가는 등 거의 집에 있지 않았다. 우리 집 아이에 대해 옆집 아들은 항상 "내 영향이 없어서 제대로 자랐다."라고 웃으며 말한다.

아들은 아들대로 가끔씩 돌아와 우리 집에 얼굴을 비추고 담 너머로 배우자나 나와 이야기를 나누는 옆집 아들과 좀 거리감을 느끼고 있다. 그러니까 우리 부부처럼 '가족이나 마찬가지'라는 느낌은 없다.

그럴 만하다. 옆집 아들이 자주 드나들었던 시절은 아들이 너무 어렸을 때라 기억하지 못하고, 아들이 철들 무렵에 옆집 아들은 이미 육체노동으로 지친 아저씨 같았기 때문이다. 아들 입장에서 말하면 '옆집 형'이라기보다 '가끔 오는 아저씨'였다.

불현듯 두 사람이 좀더 나이가 비슷하고 함께 10대를 보냈다면 어떤 느낌일까 상상해봤다. 옆집 형의 영향을 받아서 아들이 좀더 불량해졌을까. 아니면 서로 잘 맞지 않아서 그리 사이좋은 친구는 되지 않았을까.

옆집 아들이 10대 때 자주 우리 집을 드나든 데에는 이유가 있었다. 그의 엄마는 젊은 시절에 우울증을 앓았는데, 나이가 들면서 조증과 울증의 간극이 점점 심해졌다. 그래서 밝을 때는 흥분 상태라고 할 만큼 기운이 넘쳤지만, 1년에 몇 번씩 심하게 가라앉았다. 두 상태의 경계에 있는 시기에는 공격적으로 변할 때도 있어서 함께 사는 아이들이 힘든 일을 겪기도 했다. 그럴 때 우리 집으로 도망을 온 것이다.

그가 우리에게 말했던 것, 그가 고민했던 것은 우리 집 아들의 문제와 비교할 수 없을 만큼 힘든 것이었다.

옆집 아들은 아버지 같은 사람을 원했던 것인지도 모른다. 그는 유독 내 배우자와 사이가 좋았고, 둘이 진짜 부자로 오해받은 적도 많았다. 그들은 옛날 유형의 노동자 계급 남자들인지도 모르겠다.

아들의 뒤에 서서 이삿짐 트럭과 바쁘게 움직이는 사람들을 내려다보는데, 아들이 말했다.

"엄마, 쓸쓸해지겠네."

"응, 계속 옆에 있던 사람들이니까. 무슨 일이 있어도 옆에 저 사람들이 있으니까 괜찮다고 생각하기도 했고."

스스로도 왜 이런 기분이 드는지 몰랐지만, 마침내 이삿짐

이 가득 차서 짐칸의 문이 닫히는 것을 보는데 가슴이 아파 왔다.

나는 밤새워 일하고 자던 배우자를 서둘러 깨우고는 마지막 인사를 하러 함께 밖에 나갔다.

"정말로 가는 거네."

나 자신의 가여운 목소리에 당황하면서 말했다.

"잘 지내. 언제든 전화 줘."

옆집 엄마는 그렇게 말하더니 나를 안아주었다.

"저기, 이거 안 쓸래? 다락방에서 나왔는데 아직 새거야."

옆집 아들이 그렇게 말하며 우리 집 아들에게 건네준 것은 컴퍼스, 자, 각도기가 상자에 들어 있는 문구 세트였다. 확실히 아직 상자의 비닐도 벗기지 않은 것이었다.

"애, 새거라니, 몇십 년 된 새거야."

옆집 엄마가 그렇게 말하며 웃었다.

"내가 중학생일 때 엄마가 사준 건데, 나는 한 번도 안 썼어. 요즘 중학생도 이런 걸로 공부하나? 아니면, 이제 안 쓰려나."

"써요⋯. 감사합니다."

아들은 순순히 문구 세트를 받았다.

"나랑 다르게 성실하니까 걱정할 필요 없는 건 잘 알지만,

나 같은 밑바닥 노동자가 되지 않게 열심히 공부해."

옆집 아들은 그렇게 말하고는 우리 집 아들의 머리를 가볍게 두드렸다.

"이 녀석한테 그런 말 듣고 싶지 않지?"

옆집 엄마가 놀렸다.

그렇지만 그도 자신의 아들이 10대일 때는 자주 "나처럼 되고 싶어? 어른이 돼서 이렇게 고생하고 싶어?"라고 소리치며 화냈던 게 내 기억에 선명하다.

그러고 보니 내 배우자 역시 "나처럼 되지 마."라며 아들을 호되게 야단친 적이 있다. 그때, 아들은 부모가 아이에게 그런 말을 하는 건 슬픈 일이라며 눈물을 흘렸다.

"나처럼 되지 마."라고 말하는 어른들이 있는 마을을 아들은 어떤 시선으로 바라보면서 성장할까.

배우자와 옆집 아들은 말없이 주먹을 서로 맞부딪치고는 가볍게 포옹했다. 그 뒤 옆집 아들은 내 쪽으로 돌아섰고, 우리도 끌어안았다.

"너희 가족이 이웃에 있어서 정말 다행이었어… 또 놀러 와. 언제든지."

"네, 이것저것 고마워요."

"우리야말로 고마워."

"굿 럭."

옆집 아들은 자신의 차에 모친을 태우고 이삿짐 트럭을 이끌며 떠나갔다. 나는 아들이 소매를 당길 때까지 계속 그 자리에 서서 떠나가는 뒷모습을 바라봤다.

한 시대가 끝난 것 같았다.

이튿날, 새로운 이웃인 폴란드인 가족이 인사하러 왔다.

쾌활하고 아름다운 엄마, 호리호리 키가 큰 상냥해 보이는 아빠, 아빠에게 안겨 있는 갓 태어난 아기, 이렇게 3인 가족이었다. 이삿날은 한 달도 더 남았지만 일단 인테리어 공사를 한다고 했다.

젊은 사람들은 이런 인테리어를 싫어한다며 집이 팔리기 전에 옆집 모자가 직접 조금씩 리폼했던 욕실도 부엌도 건설업자가 송두리째 철거했다. 지금 옆집에서는 대규모 인테리어 공사가 진행 중이다.

사람이 변한다. 집이 변한다. 그리고 마을도 변해간다.

브렉시트라니, 그게 뭐야? 그걸로 누가 싸우고 있어? 이렇게 말하고 싶을 만큼 일상의 풍경이 변화하고 있다.

이 변화는 이제 멈추지 않는다.

이 마을은 "나처럼 되지 마." 같은 말을 하지 않는 어른들의 마을이 될 것이다.

8

너희는 사회를
믿을 수 있느냐

우리 지역 도서관의 황폐화가 두드러지고 있다. 정확하게 말하면 도서관이었던 건물이지만.

도서관이 문을 닫은 건 2년 전이었다. 지방자치단체는 올해(2019년) 들어 그 건물을 노숙자 보호소로 쓰겠다고 계획하고 근처 주민들을 모아 설명회를 열었지만, "동네 집값이 떨어진다." "초등학교 옆에 노숙자 보호소라니 무슨 생각이냐." 하고 주민들의 분노가 폭발했다. 결국 지자체에서 설명하러 온 여성은 도중에 울면서 나가버렸다.

그 뒤로 구 도서관이 어떻게 되었느냐. 여전히 방치되어 있다. 도서관 앞 정원의 게시판에는 (예전에는 그림책 낭독 모임이나 고령자 대상 미스터리 독서 모임 등의 안내가 붙어 있었다.) "지자체는 주민 여러분과 논의를 거쳐서 보호소 설치 계획을 검토 중입니다. 머지않아 제2차 설명회를 안내해 드리겠습니다."라는 사무적인 문장의 공고문이 붙어 있다.

정원에 제멋대로 자라난 풀들은 어린아이가 들어가면 찾지 못할 만큼 키가 컸고, 유리로 된 현관문은 얼마 전 누군가 깨뜨려서 널빤지로 막아두었다. 뒤이어 1층과 2층의 유리창도 깨졌고 모든 창문에 똑같이 갈색 널빤지가 붙었다.

멀리서 보면 그 모습은 여기저기 반창고가 붙은 벽돌 상자 같았다. 우리의 도서관은 상처투성이였다.

나아가 창문에 붙은 갈색 널빤지에 누군가 낙서까지 하기 시작했다. 이런 시골에 뱅크시Banksy° 같은 그래피티 아티스트가 나타났을 리는 없고, 널빤지에 쓰인 것은 누가 봐도 동네 10대가 스프레이로 대충 휘갈긴 듯한 예스러운 낙서다. "FUCK"이니 "BOLLOCKS"니 하는 말과 함께 파란 스프레이로 "KKK"라고 쓰여 있었다.

"쿠 클럭스 클랜Ku Klux Klan°°이 도서관이나 노숙자 보호소와 무슨 관계인 걸까?"

저녁을 먹다가 아들이 말하기에 내가 답했다.

"아냐, 그건 뭐랄까, 이 동네에서 쓰이는 고전적 낙서 같은 거야. 20년 전에도 'KKK'라는 낙서가 있었거든. 대체 뜻은 알고 쓰는 건가 싶어."

° 1990년대부터 신원을 드러내지 않고 활동하는 영국의 그래피티 아티스트.

°° 백인우월주의, 반유대주의, 반가톨릭, 반동성애 등을 내세우는 미국의 비합법적 비밀 단체. 줄여서 'KKK'라고 부른다.

"왠지 엄청 위험한 느낌이 나니까 그러는 거 아냐?"

"그렇게 생각하면 이 동네의 낙서는 정말 진화를 안 하네. 변하지가 않아."

브라이턴에서도 중심지에는 뱅크시 못지않은 예술적인 낙서가 있다. 엄청나게 공들인 대작은 관광객들이 사진을 찍기도 한다. 하지만 우리 동네의 낙서는 20년 전에 멈춘 채 달라지지 않았다.

기분도 나쁜데 심심풀이 삼아 공공건물에 '엄청 위험한' 말이나 써줄까. 이렇게 생각한 듯 단색 스프레이로 의욕 없이 대충 휘갈긴 낙서.

'KKK'라는 파괴력 있는 말을 썼지만, 낙서 초보답게 흐느적거리며 이어지는 글자체는 오래전부터 지금까지 일관되게 한심하다.

도시의, 아니, 번화가의 그래피티는 예술성뿐 아니라 강한 메시지도 품고 있다. 권위를 비웃는 풍자, 환경과 LGBTQ 문제에 대한 좌익적 주장 등을 전파할 때가 많다. 그런데 우리 동네 같은 시골의 구 공영주택지에서는 마치 시간이 멈춘 듯 꼴사납게 스프레이로 'KKK'나 쓰는 것이다.

'그래피티 격차'라는 말이 떠올랐다. 영국의 EU 이탈을 분석하는 사람은 도시와 시골의 서로 다른 낙서에 대해서도 연구하는 게 좋지 않을까.

그런 생각을 하는데 아들이 말했다.

"밈meme 탓도 있지 않을까. KKK나 나치 같은 걸 '위험하고 쿨하다'고 느끼게 하는 밈도 있거든."

밈(내 배우자는 이 말을 처음 보고 '메메'라고 읽어서 아들이 배꼽이 빠져라 웃었다.)의 정의는 뇌 속에 보존되어 타인의 뇌에 복제 가능한 정보라고 한다. 지금 아들이 말한 것은 인터넷 밈인데, 인터넷을 통해 사람에서 사람으로 전달되는 개념, 행동, 스타일, 습관 등을 뜻하며 이미지, 영상, 해시태그 등을 매개로 SNS에서 확산된다.

극우 세력과 백인우월주의자가 인터넷 밈을 활용해 세력을 키운 사실은 널리 알려져 있다. 10대 역시 SNS를 사용하는 이상 그런 밈을 접할 기회가 있게 마련이다.

"역시 학교에서도 그런 밈이 유행하고 있어?"

내 물음에 아들이 답했다.

"농담 같은 게 가끔 돌기는 해. 그런 것만 올리는 편향된 계정은 몰라."

대수롭지 않다는 듯 아들의 입에서 그런 밈에 대한 이야기가 나온 것에 동요하면서 나는 물어보았다.

"그런 영상을 보면 재미있어?"

"별로. 그런데 애초에 그런 밈을 보면 왠지 '웃어야 한다'는 분위기가 좀 있어. 하나도 재미있지 않은데 웃지 않으면 진지하고 촌스러운 놈이 될 거라고 생각해서 억지로 웃는 남자애들이 있어."

"왜 안 웃으면 촌스러운 거야?"

"예를 들어 농담이라도 나치 같은 게 나오는 영상을 보다 선생님이나 어른한테 걸리면 엄청 혼나는 건 당연하잖아. 그렇게 어른이 진심으로 화낼 만한 영상을 보는 게 재미있다든가 반항적이라서 멋있다고 생각하는 거야."

우리 동네의 낙서에 20년 넘게 등장하고 있는 KKK도 그런 맥락에 있는 걸까.

"덩치 크고, 싸움 잘하고, 여자애들한테 인기 있고, 선생님들한테도 반항적인 남자애들 무리가 있는데, 그런 영상을 좋아해서 다 같이 깔깔대면서 봐. 하지만 정말로 재미있다고 생각하는지는 몰라. 나는 그런 애들이랑 관계가 없으니까 마음 편해. 재미없는 건 재미없다고 하면 그만이니까."

아들이 말했다.

마치즈모machismo°라는 것은 소년들에게도 성가신 게 틀림없다. 아직 아들은 그런 것에 관심이 없는 듯하지만, 좀더 성장하면 달라질까.

° 거친 언행으로 남성다움을 과시하는 것.

155

"그런 나이가 된 거야. 거, 예전에 해리 왕자도 나치 제복인가 뭔가 입었다가 된통 욕을 먹었잖아."

조금 떨어진 자리에서 우리 대화를 듣던 배우자가 말했다.

"그러고 보니 그런 일이 있었지…."

"밈인지 메메인지 아주 새로운 현상인 것처럼 말하는데, 나치로 불량한 척하는 꼬맹이들은 옛날부터 있었어. 펑크도 마찬가지야. 시드 비셔스°가 나치의 갈고리 십자가가 그려진 티셔츠를 입은 적이 있잖아. 그걸 따라 입은 놈들도 많았고."

"아, 맞아…."

"어른들이 자기 과거는 까맣게 잊고 나는 깨끗한 시민입니다, 하는 얼굴을 하고는 말이야. 요즘 애들은 장래가 무섭다느니 세상이 미쳐 돌아간다느니 하는데, 그건 좀 아니지 않아?"

배우자의 말에 아들이 그쪽을 돌아보았다.

"과격한 게 멋있다고 생각하는 나이인 거야. 나는 어느 시대든 사춘기 애들이 하는 짓은 크게 다르지 않다고 생각해."

배우자는 그렇게 말하고는 일본 과자를 먹었다. 하도 좋아해서 일본에 갔을 때 여행가방의 3분의 1을 채울 만큼 그 과자를 많이 샀는데, 배우자가 맥주뿐 아니라 차를 마실 때도 간식으로 먹어치우는 바람에 벌써 절반이 사라졌다.

° 영국의 펑크 밴드 섹스 피스톨스의 베이시스트.

사회를 믿는 것

태풍 19호 탓에 일본의 하천이 범람하는 영상을 영국 뉴스에서 여러 차례 방송했다. 물이 얼마나 무서운지 일깨워주는 영상을 보면서 "일본에는 원래 천재가 많죠. 그건 어쩔 수 없다고 쳐도 인재는 어떻게든 피해야죠."라고 말했던 유후인 숙소의 남성을 떠올렸다.

"도쿄의 대피소에서 노숙자를 쫓아냈다면서."

텔레비전 뉴스를 보던 아들이 돌아보며 말했다. 도쿄 다이토구의 대피소에서 벌어진 일°은 좌파 일간지인 『가디언』을 비롯해 중도 인터넷 언론 「인디펜던트」와 보수 타블로이드 『데일리 메일』에서도 다루었고 BBC도 보도했다.

"끔찍한 일이야."

내 말에 아들이 대꾸했다.

"하지만 영국도 마찬가지야. 이 동네 사람들도 도서관 건물을 노숙자 보호소로 쓰는 걸 거부하고 있으니까."

"…"

"실은 국어 시간에 연설 시험을 보는데 그 일을 주제로 정했어."

° 2019년 10월 다이토구의 한 초등학교에 설치된
   대피소에서 다이토구의 주민이 아니라는 이유로
   노숙자 수용을 거부했다. 이 일이 알려져 일본에
   서도 비판이 크게 일어났다.

157

"뭐? 연설 시험 같은 것도 있어?"

"응, 인종차별이나 기후 위기 같은 주제를 정해서 500단어로 연설문을 쓰고 다른 아이들 앞에서 읽는 거야."

이야기를 들어보니 영국의 GCSE 중 국어 과목에 연설 시험이 있다고 한다. 학생들이 약 5분짜리 연설문을 쓰고 말하면, 연설하는 모습을 촬영한 영상을 시험관에게 보낸다는 것이다. 그래서 시험에 대비하여 일찌감치 학교 수업에서 연설문 쓰는 법을 배우는 모양이었다.

아들을 가르치는 교사의 고유한 방법인지, 널리 알려진 방법인지는 모르지만 '5S'라는 것에 맞춰서 쓴다고 한다. 'Situation(듣는 이가 상상할 수 있는 장면을 설정하여 의견을 시작하기)', 'Strongest(연설 중 가장 중요한 주장을 제기하기)', 'Story(개인의 경험담을 활용해 자신의 주장을 뒷받침하기)', 'Shut down(반론을 봉쇄하기)', 'Solution(해결법 제안하기)'이라는 다섯 가지 S를 순서대로 연설문에 써넣는 것이다.

"다른 애들은 어떤 주제를 골랐어?"

"여자애들은 섭식장애를 고른 애가 많아. 약물 문제나 LGBTQ에 대해서 쓰는 애도 있고. 올리버는 '정치적 올바름'에 대해서 쓴대."

"엄청 현대적인 주제네."

"올리버네 아버지랑 대학생인 형이 자주 그걸로 대화해서 이것저것 들은 게 많대. 그래서 제일 쓰기 쉽다고."

열서너 살인 중학생들이 그렇게 여러 주제를 논할 수 있다니 대단하다고 생각했다.

"너는 노숙자 문제를 고른 거고."

"처음에는 도서관과 보호소를 주제로 삼으려고 했는데, 가족이 보호소 반대 운동에 참여하는 애들이 있어서 말하기 어려운 것도 있고…"

말을 얼버무리는 아들의 옆얼굴을 보면서 나는 다니엘의 아버지를 떠올렸다. 구 도서관 근처에 부동산을 소유하고 있는 다니엘의 아버지는 구 도서관 건물을 노숙자 보호소로 만드는 것에 반대하는 운동을 시작했다. 얼마 전에도 그는 사람들과 함께 근처 초등학교의 하교 시간에 교문 앞에서 전단을 배포하며 반대 운동을 하고 있었다.

아들이 노숙자 문제에 관해 어떤 연설을 할 셈인지는 몰랐지만, 다니엘의 친구이기도 한 그에게는 확실히 민감한 주제였다.

"일본의 대피소에서 일어난 문제를 소재로 삼으면 누군가는 그냥 다른 나라 일이라고 들을 테고, 누군가는 우리 동네 도서관도 마찬가지 아니냐고 생각할 거야. 그 정도면 연설문도 쓰기 쉬울 것 같아."

아들은 그렇게 말했다. 노숙자를 차별하는 말을 부쩍 자주 한다는 다니엘에게 에둘러서 이야기하려는 셈일까. 하지만 그 이유만으로 주제를 고른 건 아닐 듯싶다. 2년 전쯤, 폭설이 내린 날 아들과 함께 노숙자 보호소에 자원봉사를 갔는데, 그날 이후 아들은 노숙자 문제에 관심이 많아졌다. 그날 보호소에서 만난 노숙자가 준 사탕을 아직도 갖고 있다.°

"노숙자 문제를 주제로 삼은 애가 더 있어?"

내 질문에 아들은 고개를 가로저었다.

"정확히 말하면 내 주제는 노숙자 문제가 아냐."

"어? 아니야?"

뜻밖이라서 되물으니 아들은 나를 똑바로 바라보면서 대답했다.

"응, 주제는 '사회를 믿는 것'이라고 잡았어."

아들이 무언가 엄청 심오한 말을 했다는 것만 이해했다. 노숙자 대피소 문제와 사회를 믿는 것이 어떻게 연결되는지 나는 알 수 없었다.

"좋은 주제 같기는 한데, 그게 어떻게 일본에서 일어난 일과 연결돼?"

"한번 상상해봐. 무지막지한 태풍이 닥쳐서 비바람이 엄청

° 『나는 옐로에 화이트에 약간 블루』 중 「누군가의 신발을 신어보는 것」 참고.

난데 나는 대피소에서 일하고 있고 노숙자가 찾아와서 들어가게 해달라고 한 거야. 나는 그런 상황에서 '안 됩니다.'라고 했던 사람에 대해서 생각해봤어."

"음...?"

"태풍 때문에 대피소에 있지 않으면 위험할 정도야. '당신은 안 됩니다.'라고 태풍 속으로 쫓아내면 생명이 위험할지 모른다는 걸 나도 알고 있어. 저 노숙자한테 무슨 일이 생기면 내 책임이라고. 그런 일이 생기면 싫겠지?"

"그야 정말 싫지."

"그런데 왜 그 사람은 안 된다고 쫓아냈을까?"

아들 말대로 누군가가 나 때문에 죽을 수도 있는 상황은 인간의 마음에 궁극의 부담이다. 누구도 그토록 무거운 짐을 져야 하는 결단을 내리려 하지 않을 것이다. 그런데 어떻게 그 사람은 노숙자를 쫓아낼 수 있었을까?

"...아마 그때 그 사람은 자신에 대해서 생각하지 않았던 것 같아. 아니면 자신에 대해 생각했다고 해도 대피소로 피한 사람들이나 함께 일하는 사람들이 자신을 어떻게 바라볼지 생각했던가. 말로 잘 표현할 수는 없는데, 아무튼 진정으로 자신에 대해서 생각하지는 않았던 것 아닐까?"

그 사건 이후 일본 웹사이트에서 "일본인은 자기만 생각하느라 타인에 대해 생각하는 여유가 사라졌다." 같은 의견을 종종 봤다. 그런데 아들은 조금 다르게 생각하는 듯했다.

"대피소로 피한 사람들이나 일하는 사람들이 모두 노숙자를 받아들이길 원치 않는다고 생각해서 쫓아낸 게 아닐까? 시티즌십 에듀케이션 수업에서 선생님이 '간단히 말해서 사회란 한 공동체에서 함께 생활하는 사람들의 집단'이라고 말했어. 그렇다면 노숙자를 쫓아낸 사람은 대피소라는 사회를 믿지 않은 거야."

"…."

사회를 믿는다believe. 아들은 그렇게 표현했는데, 사회에 대한 신뢰trust 라고 바꿔서 말할 수도 있다.

그 말을 더욱 큰 규모의 '사회'로 확대할 수 있을 것 같았다. 노숙자를 받아들이지 않은 대피소는 언론과 대중의 극렬한 비판을 받았다. 그렇게 되리라 예견하지 못했던 대피소의 직원은 사회를 잘못 본 것, 아니, 깔본 것이다.

그 직원이 사회 구성원들도 자신처럼 느낄 것이라 믿을 수 있었다면, 이 사회에 내 결단을 지지할 사람들도 반드시 있다고 믿을 수만 있었다면, 규칙과 습관에 얽매이지 않고 현장과 개인의 판단으로 누군가의 목숨을 지킬 수 있었을 것이다.

"사회를 믿는 것, 그건 말이지⋯. 연설 시험에서 다루기에는 너무 큰 주제야."

내가 중얼거리자 아들이 달갑지 않다는 듯이 말했다.

"안 그래도 연설문을 쓰는데 벌써 단어가 300개나 넘쳤어. 그런데도 결론을 못 내서⋯. 이런 문제의 해결책 같은 걸 내가 어떻게 알아. 연설 점수 아주 낮을지도 몰라."

"사회를 믿기 위한 처방전은 어른도 몰라."

"결국 '그래도 우리는 그에 대한 생각을 멈춰서는 안 된다. 계속 생각해야 한다.' 같은 흔한 마무리를 지어버릴 것 같아. 따분한 결론이니까 역시 좋은 점수는 못 받을 거야."

"그렇게 큰 주제를 골랐으니까 점수 같은 건 상관하지 마. 엄청 어려운 주제는 딱 잘라 결론을 내릴 수 없는 법이야. 무언가 단언하는 게 재미있겠지만, 솔직하게 모른다고 끝내는 것도 현실적이라서 좋은걸."

어느새 글쓰기를 업으로 삼은 사람으로서 진지하게 말하는 스스로에게 놀랐다. 이런 걸 아들에게 말하게 될 줄은 몰랐기에 가만히 그의 얼굴을 바라보았다. (그리고 당연하지만 집필에 도움이 될까 싶어 아들이 수업에서 받은 연설문 구성에 관한 유인물을 복사했다.)

낙서의 진범

그로부터 얼마 지나지 않은 날의 저녁, 커뮤니티 센터에서 교복 재활용 부대의 모임이 있었다. 모임이 끝나고 오랜만에 만난 친구의 집에 들러서 잡담을 하다 보니 어느새 시간이 많이 늦었다. 돌아가는 길은 캄캄했다.

밤길을 종종거리며 집으로 가는데 어슴푸레한 가로등 불빛 너머로 울창하게 자라난 풀들에 둘러싸인 상처투성이 벽돌 상자가 보였다.

황폐해진 구 도서관은 밤에 보니 꽤 무서웠다.

도서관 앞에 버스 정류장이 있어서 낮에는 그래도 길에 사람이 서 있지만, 밤이 되자 죽은 듯이 조용해져서 마치 유령의 집 같았다. 건물 옆을 잰걸음으로 빠르게 지나치는데 희부연 가로등 불빛이 비추는 셔터 위에 스프레이로 쓰인 'ASBO'라는 낙서가 보였다. 자세히 보니 건물 벽과 창문에 붙인 널빤지에도 'ASBO'가 쓰여 있었다.

'ASBO'는 'anti-social behaviour order(반사회적 행동 금지 명령)'를 줄인 것으로 토니 블레어 정권 때 제정되었다. 방화, 기물 파손, 폭동, 불법 약물 거래, 절도 등 반사회적 행동을 단속하는 명령을 가리키는 말이다.

'ASBO'는 '브로큰 브리튼broken britain'°이라는 말과 함께 황폐해진 하층 사회와 언더클래스underclass°° 청년들을 표현하는 말이 되었다. 그 말은 '차브'와 마찬가지로 처음에는 차별적 용어였지만, 머지않아 10대들이 센 척하며 쓰는 유행어가 되었고 낙서에도 등장하기 시작했다. 'ASBO'와 'KKK'가 나란히 있는 구 도서관의 벽을 바라보며 이 근처의 낙서도 전혀 변화가 없지는 않구나 생각했다.

모퉁이를 돌아 도서관 건물 정면에 다다랐을 때였다. 길게 자란 잡초 사이에서 사람 그림자가 꿈틀거리는 게 보였다. 가슴이 덜컥했다. 재킷의 후드를 뒤집어쓴 10대 세 명이 스프레이로 도서관 현관 옆의 벽에 한창 낙서하고 있었다.

놀라서 멈춰 설 뻔했지만 그대로 계속 걸어서 바로 그들 앞에 다다랐을 때, 그들 중 한 명이 풀숲 저편에서 무심코 내 쪽으로 고개를 돌렸다.

'어?' 나는 무심결에 걸음을 멈췄다.

10대가 아니었다.

청년조차 아니었다.

내가 아는 얼굴이었다. 이 지역의 학교에 아이를 보내고 있는 보호자 중 한 명이었다.

°　영국 보수당이 노동당의 고든 브라운 총리가 집권한 2007년에서 2010년 사이 영국 사회에 부패가 만연해졌다며 사용한 말이다. 이 구호를 앞세워 보수당은 정권 교체에 성공했다.

°°　자원과 기회 부족을 겪는 하층 계급을 뜻하는 말이지만, 영국에서는 일하지 않고 생활보호수당을 받아 생활하는 사람들을 지칭하기도 한다.

상대방도 내 얼굴을 기억하는 듯했다. 흠칫 놀라더니 바로 반대쪽으로 고개를 돌렸다. 그 반응을 눈치챘는지 옆 사람도 내 쪽을 보았다.

그도 어른이었다. 무슨 저주인지 역시 오래전부터 아는 사람이었다.

나는 말없이 고개를 숙이고 서둘러서 그 자리를 벗어났다.

'ASBO'라는 어설픈 스프레이 낙서가 머릿속에 달라붙었다. 반사회적 행동 금지 명령이 적용되는 행위 중에 '구걸'이 있다는 사실을 떠올렸기 때문이다.

불량한 척하는 10대가 쓴 줄 알았던 그 말은 10대 아이를 기르는 부모들이 쓴 것이었나. 그들은 10대 아이들이 쓴 것처럼 보이려고 일부러 그런 단어를 골라서 쓴 걸까.

아니면, 노숙자는 반사회적 행동을 하는 사람들이라는 자신들의 주장과 이 동네에 노숙자들을 들여서는 안 된다는 의미를 담아 그 단어를 스프레이로 쓴 걸까.

생각해보니 구 도서관이 문을 닫은 지 2년이 넘었지만 노숙자 보호소로 만든다는 계획이 발표되기 전에는 낙서가 쓰인 적도 유리가 깨진 적도 없었다. 방치되어 있었지만 10대가 도서관에 험한 짓을 한 적은 없었다. 반창고를 덕지덕지 붙인 벽돌 상자 같은 모습이 된 적은 한 번도 없었던 것이다.

공공건물에 낙서를 하는 파손 행위vandalism는 어엿한 'ASBO' 적용 대상 중 하나다.

반사회적 행동을 하는 건 대체 누구일까.

뚜벅뚜벅 빠르게 걸어가는 귀갓길이 평소보다 길고 어둡게 느껴졌다.

'사회를 믿는 것'이라는 말이 머릿속에 빙글빙글 맴돌았다.

9

'대선거'의 겨울이 찾아왔다

어 빅 일렉션a big election. '대선거'라고 번역하면 될까. 이번 선거를 많은 사람들이 그렇게 부르고 있다.

영국에서는 12월 12일에 총선을 하는데, 이번에는 아들네 학교에서도 '학교 총선'이라는 행사를 치른다. 어른들이 투표하는 날에 전교생이 학교에 설치된 투표소에서 투표를 하는 것이다.

학생들은 투표에 앞서 시티즌십 에듀케이션 시간에 각 정당의 공약집을 교사와 함께 읽어본다고 했다. NHS(국민보건서비스), EU 탈퇴, 교육, 기후 위기 등 네 가지 분야로 좁혀서 정책을 읽고 다 함께 토론해보는 모양이었다.

어쩐지 아들이 신문과 인터넷에서 총선 관련 뉴스를 찾아 읽는다 싶더니, 그런 사정이 있었던 것이다.

자연스레 학교에서도 선거와 각 정당의 정책이 자주 화제에 오르는 듯했다.

"모든 정당에 투표할 수 있어? 브렉시트당 같은 데 투표해도 괜찮은 거야?"

배우자가 흥미진진하다는 듯 물어보자 아들이 답했다.

"해도 되지 않을까? 장난삼아 투표하는 애도 있을걸."

브렉시트당Brexit Party이란 신생 우파 포퓰리즘 정당으로 예전에 UKIP영국 독립당라는 정당의 대표였던 나이절 패라지Nigel Farage가 대표를 맡고 있다. UKIP는 EU 탈퇴 국민투표를 했을 때 탈퇴파를 이끌었는데, 수많은 이민자의 사진을 사용한 포스터 때문에 배외주의적이라는 비판을 받았다. 그 뒤 당수가 바뀌면서 UKIP의 지지율은 떨어졌고, 전 당수였던 나이절 패라지는 당에서 나와 새로운 정당인 브렉시트당에 합류했다.°

영국의 아이들은 자신의 부모가 어떤 정당을 지지하는지 스스럼없이 이야기하는 편이다. 하지만 최근 몇 년 사이에 그런 분위기도 좀 달라진 듯하다. 아들에 따르면 보호자가 어떤 정당을 지지하는지 학교에서 당당하게 밝히는 것은 리버럴한 EU 잔류파 가정의 아이들뿐이라고 한다.

역시 부모가 브렉시트당이나 EU 탈퇴를 지지한다는 사실

° 브렉시트가 완료된 후인 2021년 1월, 브렉시트당은 정당명을 '개혁 UK(Reform UK)'로 변경했다. 나이절 패라지 역시 브렉시트 완료 후 대표에서 물러났다.

은 왠지 말하기 어려운 모양이다. 브렉시트당 대표인 나이절 패라지의 존재도 아마 그 이유 중 하나일 것이다. 뭐랄까, 패라지는 말투나 표정 등이 독특해서 비웃음을 받고는 한다. 그래서 EU 탈퇴파라고 하면 '나이절 패라지 지지자'라고 주위에서 웃으니까 잠자코 있는 사람도 적지 않을 것이다.

나이절 패라지는 아들 학교의 아이들 사이에서도 농담 소재로 자리 잡았다는데, 얼마 전에는 음악부실에서 한 아이가 다음처럼 말해서 모두가 웃었다고 한다.

"나이절이 총리가 되면 ○○랑 △△는 우리랑 함께 연주할 수 없을 거야."

그 말에는 아들의 이름이 들어가 있었다.

"뭐? 그런 말을 했어? 애들 앞에서?"

그 일화를 듣고 나는 깜짝 놀라서 밥을 먹다 멈췄다.

"응."

"…너랑 그 아이는 부모가 외국인이라서 그렇게 말한 거잖아?"

아들은 태연한 얼굴로 저녁밥을 먹고 있었다. 옆에 앉은 배우자도 평소와 전혀 다르지 않은 모습으로 나이프와 포크를 움직였다.

"누구야? 그렇게 말한 거."

좀 세게 말하자 두 사람 모두 내 얼굴을 보았다.

"데니스."

음악부원 중에서도 특히 아들과 사이가 좋은 아이였다.

"걔는 나이절 패러지가 인종차별적이라고 놀린 거야. 딱히 나랑 다른 애 부모님이 외국인이라고 뭐라 한 게 아니라."

"…그래도 뭔가 심하지 않아?"

두 사람이 물끄러미 나를 보기에 좀 기가 죽을 뻔했지만 나는 이어서 말했다.

"네가 영국인으로 보이지 않으니까 그런 말을 한 거잖아."

"사실이잖아. 나는 아시아계 얼굴이고, 다른 애는 인도계니까."

아들의 말투는 담담했다.

"그 말을 듣고 어땠어? 너도 다른 애들이랑 함께 웃었어?"

"응."

석연치 않은 채 아들을 보고 있는데, 배우자가 대화에 끼어들었다.

"여봐, 당신, 이번에도 정치적 올바름을 얘기하려는 거야? 나도 웃어넘기면 된다고 생각하는데."

아들도 배우자의 말에 말없이 고개를 끄덕였다. 두 사람은 다시 우물우물 식사를 재개했다.

그렇지만 내게는 강한 거북함이 남았다.

나이절 패라지의 배외주의를 농담에 써먹으려고 자기 주변에 있는 백인이 아닌 사람을 가리키며 "나이절이 총리가 되면 이 사람은 여기 있지 못할 수 있어."라고 말했다. 아마 그 소년의 부모는 EU 잔류파일 것이고, 나이절 패라지와 EU 탈퇴파를 놀리며 비웃을지도 모른다. 배외주의는 나쁘고 어리석은 것이라고 사사건건 빈정거릴 수도 있다.

그렇지만 놀리고 빈정거리기 위해 백인이 아닌 아이를 지목해서 웃음의 소재로 사용해도 괜찮은 걸까.

그때 나이절 패라지와 마찬가지로 농담의 소재로 쓰인 아이들의 마음은 어땠을까?

점점 여기저기로 퍼져 나가는 생각의 행방을 열심히 좇는데 식탁 맞은편에서 배우자가 말했다.

"또 뭔가 끝없이 생각하고 있지?"

"당연하지."

내가 그렇게 말하고는 배우자를 노려보자, 아들은 피식 웃으며 의자에서 일어나 2층 자기 방으로 갔다.

"또 나한테 나이도 지긋하면서 '스노플레이크'라고 하려는 거지."

나는 배우자에게 말했다.

스노플레이크snowflake. 본래 눈송이를 뜻하는 이 단어는 정치적 올바름을 까다롭게 따지는 젊은 세대를 나이 든 세대가 비아냥거릴 때 쓰는 속어이기도 하다. '눈송이처럼 무너지기 쉽고, 툭하면 상처를 받는다'는 의미인 것이다.

"하하하, 안 그랬잖아."

애초에 우리 집에서 스노플레이크 세대라고 불려야 하는 건 아들이다. 그런데 녀석이 피식 웃고는 말없이 2층으로 올라가다니, 나만 홀로 남겨진 셈 아닌가.

"농담이 지나치다고 생각하지 않아?"

"음악부 연습이 늦게 끝났을 때 몇 번 차로 데려다줘서 아는데, 데니스는 중산층에서 자란 착한 아이야. 인상도 부드럽고 그렇게 나쁜 아이는 아냐."

"그야 데니스한테 나쁜 뜻은 없었을지 모르지만. 그래서 이런 문제는 원인이 깊은 데 있는 거 아냐."

"어쨌든 어린애가 한 말이니까. 살다 보면 그런 일도 있는 거야."

"상처받지 않았을까?"

"뭐?"

"그런 말을 듣고 상처받지 않았을까?"

내가 걱정하자 배우자가 어깨를 으쓱하며 말했다.

"아무 생각이 없지는 않았을 수도 있지."

"…."

"그래도 뭐, 웃었다고 하잖아. 당신도 그러지 않았겠어? 자기 아이니까 이렇게 걱정하지만, 당신이 저 나이에 같은 상황이었다면, 꽤 웃지 않았겠어?"

듣고 보니 확실히 나라면 블랙 유머로 받아들이고 웃으면서 흘렸을 것 같았다.

"나야 그럴지도 모르지만, 나랑 당신은 인간이 좀 투박하잖아."

"쟤도 그렇게 된 거 아냐?"

"어?"

"우리랑 점점 닮는다는 게 아니라 어른이 되어가고 있는 거 아니냐고."

"…."

"러프rough, 투박하다랑 터프tough 같은 건 어른이 될수록 몸에 붙는 성질이니까."

러프 앤드 터프라니, 갑자기 무슨 운을 밟으면서 래퍼처럼 말하는 거야. 어른인 체하는 배우자야말로 최근 들어 10대 아들의 영향을 너무 받고 있다.

미세스 퍼플의 수난

아들네 학교 교사인 미세스 퍼플은 열성 노동당원이라서 선거를 앞두고 무척 바쁜 듯했다. 이 지역 노동당 후보들이 모일 때면 반드시 자원봉사를 했고, 여기저기서 전단을 배포했다.

요전에도 런던 로드라는, 브라이턴 동쪽의 변두리로 과거에는 험악하다고 유명했던 곳(내 배우자는 오래전 런던의 이스트엔드°처럼 지저분해서 좋아한다나.)에서 미세스 퍼플이 노동당의 빨간 전단을 사람들에게 나눠주고 있었다.

보행자천국이 된 길과 큰 도로의 교차점 근처에 탁자를 놓고 그 위에 노동당 전단을 잔뜩 쌓아두었는데, 주위를 빨간 풍선으로 장식해서 마치 노동당의 선전 부스 같았다.

미세스 퍼플은 존 레넌처럼 둥근 안경을 쓴 젊은 남성과 함께 부스 옆에 서서 지나가는 사람들에게 전단을 건넸다. 그러면서 "우리의 NHS를 지킵시다!" "긴축 재정을 끝낼 수 있는 건 노동당뿐입니다!"라고 외쳤다. 그 목소리의 억양과 힘은 시장에서 채소를 파는 상인처럼 숙련되어서 선거운동 베테랑다운 분위기가 물씬 났다.

° 오랫동안 런던에서 극빈 노동자들이 사는 지역으로 유명했으나 차츰 개발되며 예전 모습이 사라졌다.

미세스 퍼플이 교복 재활용 부대를 이끌던 무렵에는 수선해야 하는 교복을 내게 가져다주거나 고친 교복을 가지러 와주었지만, 최근에는 통 격조했다.

요즘 미세스 퍼플은 생리용품의 무료 배포 때문에 분주하다. 아들의 학교에서 생리용품을 배포할 뿐 아니라 시내의 도서관에 자유롭게 가져갈 수 있는 생리용품을 갖춰두는 운동에도 관여하고 있다. 빈곤과 노동 문제, 긴축 반대 운동에 힘쓰는 미세스 퍼플이 이번 선거에 전력을 쏟는 건 당연했다.

"저기, 미세스 퍼플 맞지?"

버스에서 내려 걸어가다 미세스 퍼플을 알아본 아들이 말했다.

"어, 정말이네. 잠깐 인사하고 갈까."

아들과 함께 미세스 퍼플에게 다가가는데 전단을 건네받은 젊은 여성의 질문에 미세스 퍼플이 열변을 토하기 시작했다. 우리는 그냥 주말의 인파에 섞여 그 자리를 벗어났다.

쇼핑을 마치고 다시 버스 정류장으로 돌아가면서 이번에는 꼭 미세스 퍼플에게 인사해야겠다고 생각했다. 하지만 그는 이번에도 니트 모자를 쓴 중년 남성과 열띤 대화를 나누는 중이었다.

"미세스 퍼플 바쁜 것 같아."

멀리서 지켜보는데 갑자기 니트 모자를 쓴 남성이 소리를 질렀다. 커다란 비닐 쇼핑백을 들고 걷던 저지 운동복 차림의 커플까지 멈춰 서더니 미세스 퍼플을 향해 무언가 소리치기 시작했다. 그러자 사람들이 차례차례 발을 멈추기 시작해서 작은 울타리가 만들어졌다.

"어, 뭔가 위험해. 좀 위험해. 미세스 퍼플이 당하고 있어."

아들이 옆에서 말했다. 사람들이 만든 울타리로 걸어가보니 이제는 니트 모자를 쓴 남성과 푸근한 옷차림의 커플뿐 아니라 몇몇 중년 남성도 미세스 퍼플 곁에 서서 욕을 퍼붓고 있었다.

"너희 대표는 선거에서 이기면 또 국민투표를 할 거 아냐!"

"우리는 민주주의로 브렉시트를 정했어. 민주주의를 짓밟는 건 당신들이야, 위선자 정당!"

"그놈의 빈곤, 빈곤. EU에 남으려고 빈곤 문제를 써먹지 마! 번지르르한 말만 하고, 네놈들이 빈곤을 알기나 해!"

존 레넌 안경을 쓴 젊은 남자가 미세스 퍼플과 욕하는 사람들 사이에 끼어들었다.

"진정하세요. 그렇게 소리칠 필요는 없잖아요."

그 말에 중년 남성 중 한 명이 갑자기 흥분하며 안경 쓴 남자의 어깨를 강하게 밀었다.

"내가 말하고 있는데 끊지 마! 네놈들은 항상 내 입을 막으려고 해!"

말하면서 더 감정이 격해졌는지 중년 남성은 잇달아 두 차례 더 젊은 남자의 어깨를 밀었다. 당장이라도 때릴 것 같았다. 그러자 이번에는 구경꾼 중 한 명이 "폭력은 그만둬!"라면서 뛰쳐나오더니 안경 쓴 남자의 어깨를 밀친 중년 남성의 양팔을 뒤에서 붙잡았다. "무슨 짓이야, 이 새끼가." "내 친구한테서 손 떼!" 그 모습을 본 다른 남성들이 어깨를 으쓱거리면서 가까이 다가갔다.

"경찰 불러야지, 경찰!"

아들이 그렇게 말하고는 내게 쇼핑백을 건네고 시장 쪽으로 달려갔다. 아까 시장에서 노란 조끼를 입은 경찰관 두 명이 순찰하는 것을 보았기 때문이다. 아들이 도로를 건너려는데, 이미 경찰관들이 횡단보도를 건너 황급히 이쪽으로 오고 있었다.

경찰관들이 오자 미세스 퍼플 일행을 둘러싸고 있던 사람들이 길을 열어주었다. 어깨를 들먹이며 고함치는 남성들을 남성 경찰관이 막아섰고, 여성 경찰관은 중년 남성을 뒤에서 붙잡고 있던 구경꾼을 떼어냈다. 울타리가 해체되자 사람들은 각자 갈 길로 다시 걷기 시작했다.

아들이 내게 돌아오더니 말했다.

"중학생 싸움이랑 하나도 다르지 않네."

전에 아들이 보여준 인스타그램 영상을 떠올렸다. "싸워! 싸워! 싸워!"라고 부추기며 둥글게 서 있는 학생들 한가운데에서 치고받으면서 싸우는 남학생들, 호루라기를 불면서 달려오는 체육 교사. 확실히 지금 벌어진 일과 서로 닮았다.

여성 경찰관이 "괜찮으세요?"라고 미세스 퍼플에게 말을 걸었다. 얼굴이 새파래진 미세스 퍼플은 무슨 일이 벌어졌는지 경찰관에게 설명하는 것 같았다.

"돌아가자. 미세스 퍼플은 정신없을 것 같아."

아들이 그렇게 말하며 내 손에 들려 있던 쇼핑백을 다시 가져갔다.

"응, 그러게."

나도 버스 정류장으로 걸음을 뗐다.

목소리를 들려줄 기회

11월 말, 채널4에서 당 대표 토론을 방송했다. 10대들이 시위를 하며 기후 변화 대책을 요구한 영향인지, 이번에 처음으로 선거를 앞둔 당 대표들이 '기후 위기'를 주제로 토론을 벌이게 되었다.

아들의 학교에서는 수업을 빠지고 환경 시위에 참가하는 걸 허락해주지 않았다.° 하지만 역시 10대들은 기후 변화에 관심이 많은지 이번 토론 방송이 친구들 사이에서도 화제라고 했다. 방송 당일, 야간 근무인 배우자가 일하러 나간 뒤 나와 아들은 텔레비전 앞 소파에 앉아 방송을 기다렸다.

이윽고 방송이 시작되었다. 유명 사회자가 중앙에 서 있고, 그 뒤로 연단이 일곱 개 줄지어 있었다. 하지만 일곱 개의 연단에 당 대표는 다섯 명밖에 서 있지 않았다. 양쪽 끝에 있는 연단 위에는 지구를 본떠서 만든 커다란 얼음덩어리가 올려져 있었다.

사회자가 보수당 대표인 보리스 존슨 총리와 브렉시트당의 나이절 패러지 대표는 토론회 출연을 거부했다고 밝혔다. 즉, 얼음이 놓인 두 연단은 그들이 서야 하는 자리인 것이다.

"대단한 블랙 유머네."

아들이 감탄하며 말했다. 보수당의 존슨 총리와 브렉시트당의 패러지 대표는 환경 문제에 관심이 없는 것으로 알려져 있다. 지구온난화와 기후 변화 문제에 관해 두 정당은 이렇다 할 정책을 내놓지 않았다.

° 『나는 옐로에 화이트에 약간 블루』 중 「나는 옐로에 화이트에 약간 그린」 참고.

토론이 진행되며 시간이 지날수록 그들의 연단에 놓인 얼음이 서서히 녹았다. 정치가가 없는 사이에 점점 녹는 얼음덩어리. 이토록 통렬한 풍자는 없을 것이다.

노동당의 제러미 코빈 대표와 SNP스코틀랜드 국민당의 니컬라 스터전 대표 등이 기후 변화에 대처하는 자기 당의 방침을 어필하는 동안 화면 양 끝에 있는 얼음에서 물방울이 뚝뚝 떨어졌다.

방송국 카메라는 얼음이 녹는 모습을 다양한 각도에서 정기적으로 넌지시 보여주었다. 토론이 시작되고 좀 지났을 때 아들이 입을 열었다.

"음, 처음에는 재미있다고 생각했는데…"

무릎 위에 올린 쿠션을 끌어안고 텔레비전을 보면서 아들이 중얼거렸다.

"한참 보고 있으니까, 왠지, 좀 싫은데."

"확실히 방식이 좀 구질구질해…"

"블랙 유머로는 재미있고 좋은 아이디어라고 생각해. 이게 코미디 프로그램이라면 말이지. 하지만 보수당이나 브렉시트당을 지지하는 사람들이 이런 걸 보면 자기들을 바보 취급한다고 생각해서 바로 채널을 돌리지 않을까."

"뭐, 그러겠지."

"그런데 정말로 이런 방송을 봐야 하는 건 보수당과 브렉시트당을 지지하는 사람들 아냐? 녹색당이나 노동당을 지지하는 사람들은 애초에 환경 문제에 관심이 많으니까. 음… 방송국인데 하는 짓이 어린애 같아. 그냥 빈자리로 두는 게 쿨했을 텐데."

며칠 전, 미세스 퍼플이 거리에서 시비에 휘말렸을 때 아들이 "중학생 싸움이랑 하나도 다르지 않네."라고 했던 게 떠올랐다. EU 탈퇴 국민투표 이후 아들 세대는 언론과 길거리에서 어른들이 이런 식으로 싸우는 모습만 보고 있다. 그러니 "어린애 같아."라고 할 만한다. EU 탈퇴가 어떤 형식으로 완료되든 그 과정을 지켜보며 성장한 세대는 '브렉시트 제너레이션'이라고 불리며 이전 세대보다 차분하고 달관한 세대라는 말을 듣지 않을까.

"저번에 미세스 퍼플이 당했을 때도…"

아들은 거기까지 말하고는 내 쪽으로 몸을 돌렸다.

"다들 소리만 지를 뿐이지 전혀 대화를 안 했어. 그때 미세스 퍼플의 동료를 밀친 남자가 있었지? 그 사람이 '네놈들은 항상 내 입을 막으려고 해.'라고 했어. 그 말은 무슨 뜻일까?"

아들은 살짝 고개를 숙이며 질문했다.

"입을 막는다는 게 무슨 뜻이겠어?"

"누군가 말하는데 억지로 말을 막는다든지, 아니면 말할 기회를 주지 않는 걸 뜻하겠지."

나는 답하고는 아들에게 물어보았다.

"너는 말할 기회를 충분히 얻고 있다고 생각해? 친구, 선생님, 아빠, 엄마나 다른 사람들이 네 목소리를 잘 들어준다고 생각해?"

"당연하지. 나는 목소리가 크고 잘 퍼지니까 소리 좀 낮추라는 말을 듣기는 해도, 모두들 항상 내 말을 들어주는걸."

"하하, 너는 그렇긴 하겠다."

"그래서 그날 좀 생각해봤어. 그 아저씨, 자기 말을 방해한 순간 폭발해서 미세스 퍼플의 동료를 밀었잖아. 갑자기 진심으로 화냈어."

듣고 보니 그랬다. 나는 그냥 질 나쁜 탈퇴파 아저씨들이 미세스 퍼플한테 시비를 건다고 생각하며 지켜봤을 뿐, 구체적으로 무엇이 폭력을 유발했는지는 깨닫지 못했다.

"그 사람은 자기 목소리를 아무도 들어주지 않는다고 생각했던 걸까."

"뭐, 폭력적으로 말하는 사람이었으니까. 그 사람이 나쁜 짓을 하거나 겁을 주니까 다른 사람들이 말을 들어주지 않았는지도 몰라."

"하지만 사람을 왠지 기분 나쁘게 하는 건 저 얼음도 똑같잖아."

아들은 텔레비전을 가리켰다.

"그래도 저건 사람을 무섭게 하지는 않으니까."

거기까지 말하고 나는 생각했다. 점점 녹는 저 얼음의 영상도, 지구온난화에 강박관념을 지닌 사람이 보면 꽤 무서울지 모른다고.

텔레비전에서는 당수들이 열띤 목소리로 말하고 있었다. 기후 변화가 일으키는 위기 상황이 매일매일 분명해지고 있다고, 지금 정치가 움직이지 않으면 늦을 거라고, 미래 세대를 위해서 더 이상 귀를 막아서는 안 된다고. 각자 자기 당의 정책을 어필하고, 라이벌 당의 정책을 비판하고, 비판받은 쪽은 다시 상대를 비판하고, 자신들이 옳다고 주장하면서 서로 우위에 서려고 했다. 그들은 자신들의 목소리를 들려줄 기회를 최대한 이용하려 하는 사람들인 것이다.

한편, 자신들의 목소리를 들려줄 기회를 포기한 사람들의 연단에 놓인 얼음은 더욱 빠르게 물방울을 떨어뜨리고 있었다.

"뚝, 뚝, 뚝."

아들이 텔레비전을 보며 중얼거렸다. 그리고 질렸다는 듯이 하품을 하고는 "잘 자."라면서 2층으로 올라갔다.

10

가는 10년,
오는 10년

2019년 12월 12일 영국 총선은 보수당의 대승으로 끝났다. 같은 날 아들의 학교에서 치른 '학교 총선'에서는 반대로 노동당이 압승했고, 2위는 녹색당, 3위는 보수당이었다고 한다.

"어른들 선거랑 결과가 정반대네."

내 말에 아들이 어이없다는 듯이 고개를 저으며 말했다.

"어른들은 공약집을 제대로 안 읽은 거 아냐?"

그다음 주에는 매년 하는 음악부의 크리스마스 콘서트가 열렸다. 선거 결과 때문인지 올해 콘서트에서 교장은 이런 농담을 하며 막을 열었다.

"도널드 트럼프가 올해 심야 미사에 가지 않는 이유는?"

영국 명물인 1인 수수께끼 방식의 농담이었다. 객석은 조용히 교장의 답을 기다렸다. 일본의 만담처럼 '뭔 소리고.'라며 태클을 거는 사람은 없다.

"페이크 퓨스Fake pews."

'퓨스'란 교회에서 신도들이 앉는 좌석을 뜻한다. 아마 '페이크 뉴스fake news, 가짜 뉴스'에 빗댄 듯했다. 썰렁하다고 할 정도는 아니었지만, 드문드문 웃음이 들리는 맥 빠진 반응이 나왔다. 그나저나 교장이 정치 소재로 농담을 하는 건 드문 일이었다.

사실 브라이턴에서는 어른들의 총선도 아이들의 학교 총선과 같은 결과가 나왔다. BBC의 선거 결과 지도를 보면, 주변 지역은 모두 보수당을 상징하는 파란색으로 물들어 있는데, 브라이턴 앤드 호브의 선거구 세 곳만 노동당의 빨간색과 녹색당의 초록색이어서 마치 외따로 떨어진 동네 같았다. 이런 결과를 보면 브라이턴은 현대 영국에서 특수한 곳이 된 게 아닐까 싶다.

리버럴 성향이 강한 지역이라서인지, 이번 음악부 콘서트를 앞두고 큰 문제가 불거졌다. 매년 콘서트를 마무리할 때 연주하는 곡을 올해도 연주할지를 두고 논란이 벌어진 것이다.

그 노래란 더 포그스the Pogues와 커스티 맥콜Kirsty MacColl이 함께 부른 「페어리테일 오브 뉴욕Fairytale of New York」이다.

논란의 발단은 BBC의 라디오 디제이가 더 이상 12월에 이 곡을 틀지 않겠다고 선언한 것이었다. 그 디제이는 이토록 끔찍한 가사는 방송 금지를 해야 한다고 말해서 화제를 모았다.

"라디오는 「페어리테일 오브 뉴욕」을 방송 금지해야 해. '약에 절은 헤픈 계집'이라느니 '너는 쓰레기, 싸구려에 더러운 게이 새끼' 같은 가사를 자동차 뒷자리에서 애들이 부르길 바라는 거야?"

"이 노래에는 불쾌한 차브의 희롱만 가득해. 우리는 좀더 나아질 수 있어."

그 디제이는 트위터에 이렇게 썼다.

이 뉴스를 읽었을 때 개인적으로는 왜 여기서 타인을 모욕하는 또 다른 단어인 '차브'를 써야 하는가 생각했다. 요즘 리버럴이 미움을 받는 이유가 바로 여기서 보이는 듯했다. 아들의 학교 음악부에서는 '슬럿slut, 헤픈 계집'과 '패것faggot, 게이 새끼'을 더 이상 노래해서는 안 된다고 주장하는 부원이 나타났다고 한다. '슬럿'은 여성 혐오적인 표현이고, '패것'은 말할 필요도 없으니까.

"LGBTQ 문제에 관심이 있는 사람이라면 누구도 이 노래를 연주할 수는 없을 거야."

"페미니즘으로 봐도 이 노래는 안 돼."

이렇게 주장하는 부원들이 있는가 하면, 반론하는 부원들도 있다고 한다.

"하지만 이 노래는 1980년대에 만들어진 거야. 게다가 가사에 등장하는 커플은 나이가 많다는 설정이니까 더욱 앞선 세대일 테고. 연극 대사랑 마찬가지잖아. 그래도 안 돼?"

"PC political correctness, 정치적 올바름 때문에 이런 명곡을 매장하는 건 옳지 않아."

이렇게 음악부 내의 의견이 완전히 둘로 갈린 모양이었다.

"지금으로부터 12, 13년 전, 네가 아기였을 때 BBC 라디오가 그 두 단어를 '삐' 하는 소리로 지웠던 적이 있었어."

내가 예전 일을 알려주자 아들의 눈이 휘둥그레졌다.

"뭐? 진짜 그런 일이 있었어?"

"응, 지금 생각하면 이상하지만, 그 단어들만 지웠어. 분노한 청취자들이 BBC에 엄청 항의해서 금방 원래대로 돌아왔지만. 무척 좋은 노래잖아. 한창 음악을 즐기는데 갑자기 '삐' 하니까 괜히 더 화가 난다고 사람들이 말했던 게 기억나."

"아, 뭔지 알 것 같아…."

"음악부 콘서트는 라이브 공연이니까 그 두 단어만 가사를 바꾸는 방법도 있겠네."

"그 방법은 이미 말하는 애들이 있어."

그 뒤에도 한동안 논쟁이 계속되었다는데, 결국 음악부에서는 「페어리테일 오브 뉴욕」을 올해도 연주하기로 정했다고 한다. 연주하길 원하는 부원이 더 많았기 때문이다.

그렇지만 또 다른 문제가 있었다. 남녀 듀엣인 이 곡을 누가 부르냐는 것이었다. 음악부에는 합창단이 있고 노래를 잘하는 여자아이들이 여럿 있지만, PC 소동 때문인지 스스로 노래하겠다고 지원하는 아이가 좀처럼 나오지 않았다.

남자의 경우에는 애초부터 합창단에 남학생이 적은 데다 작년까지 노래를 맡았던 학생이 졸업한 뒤 후임자가 나타나지 않았다고 한다.

"최악의 경우에는 네가 노래하는 게 어때?"

내 말에 아들은 입술을 삐죽 내밀었다.

"싫어. 절대 안 해. 나는 기타에만 집중할 거야."

불과 2년 전만 해도 사람들 앞에서 노래하고 춤추는 걸 좋아해 뮤지컬까지 출연했으면서 이제는 기타를 치는 게 훨씬 쿨하다고 생각하는 듯했다.

뭐, 사실 아직 변성기가 오지 않은 아들이 더 포그스의 셰인 맥고완 같은 탁한 저음을 낼 수도 없겠지만.

신인 밴드 등장

교장의 살짝 정치적인 농담으로 시작된 크리스마스 콘서트의 사회는 학생회장 두 명이 맡았다. 영국의 중학교에는 '헤드 보이head boy'와 '헤드 걸head girl'이라 불리는 남녀 학생 대표가 있다. 그 두 사람이 이른바 '학생회'의 수장을 함께 맡을 때가 많기 때문에 흔히 말하는 학생회장도 겸임하는 것이다.

작년에는 중국인 소년이 남자 학생회장이었지만, 올해는 호리호리하니 키가 크고 단정한 인상의 영국인 소년이 남자 학생회장이었다. 여자 학생회장도 영국인이었는데, 긴 금발을 포니테일로 묶은 영리해 보이는 아이였다.

두 학생회장의 소개를 받고 아들의 밴드가 꽤 빠른 순서로 무대에 등장했다.

사실 아들은 팀과 함께 랩곡을 만들어서 크리스마스 콘서트에 출연할 밴드를 정하는 오디션에 참가했지만, 떨어지고 말았다. 팀은 그 일로 기분이 상해서 결국 음악부까지 그만두었다고 한다.

그 뒤에 멤버끼리 다퉈서 해산하는 밴드가 나오는 바람에 콘서트 출연진이 부족해졌고, 담당 교사는 오디션에서 떨어진 아이들 중 몇 명을 뽑아서 새로운 밴드를 급조했다. 아들도 그 밴드에 기타리스트로 들어가서 매일 늦게까지 학교에 남아 연습했다.

이번 밴드는 이름도 곧장 결정했다고 한다. '레프트오버스 leftovers, 자투리들'. 하지만 그래서야 좀 슬프지 않겠냐는 선생님의 말에 '프리티 레프트오버스'라고 불리게 되었다.

그 이름대로 무대에 등장한 멤버들은 인상이 귀여웠다. 아들을 포함해 기타 두 명, 베이스, 드럼, 키보드는 모두 남자였고, 리드보컬이 여자였다.

겉모습은 '쿨'이라기보다 '클린'이었다. 록 밴드보다는 아이돌 밴드네. 그렇게 생각했지만 연주를 시작하니 예상보다 실력이 뛰어났다. 기술적으로는 아들이 전에 몸담은 밴드보다 수준이 높았다.

자작곡을 만들 시간이 부족했기 때문에 일스Eels의 「에브리싱스 고나 비 쿨 디스 크리스마스Everything's Gonna Be Cool This Christmas」를 연주했는데, 멤버들의 너무 깔끔한 외견이 개인적 취향과 맞지 않아 점수를 깎겠지만 소리는 수수하면서도 깊이 있고 단단했다.

그렇게 음악 칼럼니스트의 시선으로 관람하다가 문득 생각했다.

저기에 팀이 있었다면 분명히 겉돌았겠지.

저 밴드만이 아니었다. 이번 콘서트 자체가 그랬다. 작년까지는, 특히 2년 전이 그랬는데, 콘서트 출연자 중에 방송 금지 용어를 아슬아슬하게 피하며 가사를 내뱉는 무서운 인상의 래퍼 소년이나 화장이 지나치게 짙은 소녀가 있었다. 훨씬 위험해 보인달지, 인상 강한 아이들이 출연했던 것이다.°

그 아이들의 배경에는, 그 아이들이 짊어진 것이 어렴풋이 비쳐 보였다. 음악이 그들을 구원해주고 있다는 것이 한눈에 보였다.

그렇지만 올해 콘서트는 달랐다. 그냥 평범하게 좋은 느낌이었다. 출연자들은 모두 기술적으로 무척 뛰어났다. 열심히 연습했고, 음악을 좋아한다는 것은 잘 알 수 있었다. 하지만 딱히 음악이 없어도 그들의 생활은 문제없을 듯했다.

애초에 복장부터 작년까지는 모두 크리스마스와 관련된 촌스러운 스웨터로 통일했었다. 누가 봐도 무서운 인상의 아이들이 아기자기한 산타클로스와 루돌프 무늬 스웨터를 입고, 자기들끼리도 서로 깔깔거리며 웃는 즐거운 분위기가 있었다. 하지만 올해는 말끔한 옷차림에 산타클로스 모자를 써서 크리스마스 분위기를 연출한 아이들이 많았다. 뭐라 하면 좋을까, 전보다 무대에서 유머가 줄어들었다.

° 『나는 옐로에 화이트에 약간 블루』 중 「'배드'한 랩이 울리는 크리스마스」 참고.

팝 뮤직과 록은 이제 중산층의 음악이 되었다. 이런 말이 나온 지는 오래되었다. 아이들에게 악기를 사주고 가르치려면 돈이 필요하다. 스포츠 역시 축구, 럭비, 수영 등을 어린 시절부터 사설 강습으로 배운 돈 있는 집 아이들이 잘하는데, 음악도 스포츠와 다르지 않은 것이다.

팀이 음악부를 그만둔 이유는 물론 악기를 다루지 못하기 때문일 것이고, 여자들만 있는 합창단에 들어가기 싫었기 때문일 수도 있다. 그런데 다른 이유도 있지 않았을까. '모두가 중산층' 같은 느낌이 나는 현재의 음악부에 팀은 녹아들지 못했던 것 아닐까.

그런 생각을 하며 멍하니 무대를 바라보는데, 중반쯤에서 정신이 번쩍 들었다.

음악부의 '소울 퀸'이 등장했기 때문이다. 여자아이는 홀로 뚜벅뚜벅 걸어서 등장했다. 봄 콘서트에서 선보인 가창력이 화제였기 때문에 소울 퀸의 등장에 객석에서는 큰 박수가 터져나왔다.

뒤이어 밴드 멤버가 나올까 생각했는데, 아무도 등장하지 않았다. 기타를 들고 있지도 않았고, 피아노를 치면서 노래하려는 것도 아닌 듯했다. 어쩌려는 걸까 궁금해하는데, 무대 중앙에 선 소울 퀸 앞에 마이크 스탠드가 설치되었다.

빨간색 반팔 블라우스에 청바지를 입은 여자아이는 가슴 앞에 두 손을 맞잡고 숨을 깊이 들이쉰 다음 노래하기 시작했다.

고요한 밤, 거룩한 밤
모든 것이 평온하고 모든 것이 빛난다
저기 있는 성모와 그 아이,
거룩한 아기는 편안하게 새근새근
천국 같은 평화 속에서 잠자고 있네
천국 같은 평화 속에서 잠자고 있네

「고요한 밤 거룩한 밤」이었다.° 여전히 터무니없이 아름다운 발라드였다. 하지만 왜 무반주일까. 왜 반주하는 밴드가 저 아이 주위에 없을까.

저 아이가 주위와 어울리지 못하고 따돌림을 당한 것은 이미 지난 일 아니었나. 음악부에서 유일하게 아프리카계 이주민인 소울 퀸이 넓은 무대에 홀로 오도카니 서 있는 모습을 보고 있으니 이런저런 잡념이 솟아났다.

그런데 느닷없이 격렬한 리듬과 신시사이저 소리가 어디선가 울리기 시작했다. 힙합이었다. 작은 몸집의 소울 퀸은

° 원서에 저자가 적은 대로 영어 가사를 번역하여 수록했다.

스탠드에서 마이크를 빼더니 몸을 흔들흔들 움직이면서 무대 위를 활보하기 시작했다.

고요한 밤 거룩한 밤 YO!
모두가 평온하고 모두가 빛나네 YO YO!

「고요한 밤 거룩한 밤」으로 랩을 하나 싶었는데, 뒤이어 「울면 안 돼」로, 다시 「징글 벨」로 이어지며 유명한 크리스마스 캐럴들의 메들리를 랩으로 들려주었다. 무반주 발라드도 가창력이 대단했지만, 랩 또한 꽤 경험이 있는 듯했다. 허스키하고 섬세한 목소리로 하는 랩은 어린 시절의 로린 힐 느낌이 살짝 났다.

감탄하면서 빠져들어 보는데, 갑자기 뚝 소리가 끊겼다. 소울 퀸은 다시 무대 중앙으로 돌아가 반주 없이 「화이트 크리스마스」를 재즈 발라드 느낌으로 차분히 불렀다. 노래를 마치고 꾸벅 인사하자 객석에서 엄청난 박수와 환성이 터져 나왔다. 싱긋 웃으며 그에 화답한 소울 퀸은 쑥스러운 듯이 고개를 숙이고는 무대 끝으로 사라졌다.

새로운 시대는 모르는 사이에

드디어 콘서트가 막바지에 접어들어 매년 하는 빅밴드와 합창단의 공연, 즉 음악부 전원이 무대에 오르는 피날레 차례가 되었다.

「호두까기 인형」의 록 버전인 「넛 록커Nut rocker」부터 시작해서 킬러스의 「크리스마스 인 엘에이Christmas in L.A.」, 존 레넌과 오노 요코의 「해피 크리스마스(전쟁은 끝났다)Happy Xmas(War Is Over)」 등을 연주했고 마침내 마지막 곡만 남았다. 매년 똑같은 그 곡(올해는 왠지 공연 프로그램에 곡명이 쓰여 있지 않았다), 콘서트를 마무리하는 크리스마스 노래다.

브라스 밴드 앞에 마이크 세 대가 놓였다. 사회를 보던 호리호리한 남자 학생회장이 오른쪽 마이크 앞으로 갔다. 그리고 붉은 곱슬머리에 순록 귀 모양의 헤어밴드를 한 소녀가 합창단에서 나와 왼쪽 마이크 앞에 섰다. 마지막으로 천천히 합창단에서 내려와 가운데 마이크로 걸어간 사람은 음악부의 소울 퀸이었다.

「페어리테일 오브 뉴욕」을 부를 사람을 정하지 못하고 있을 때, 침묵을 깨고 자원한 사람이 소울 퀸이라는 사실은 아들에게서 들었다. "아일랜드 억양으로 부르지는 못할 테고, 잘 부르는 타입의 노래도 아니지만 불러보고 싶어." 이렇게 말했다고. 그다음 남성 파트를 지원한 사람은 음악부에서 콘트라베이스를 켜는 (사람들 앞에서 노래를 부른 적이 한 번도 없었던) 남자 학생회장이었다. 그러자 "아일랜드 억양이라면 나한테 맡겨."라며 합창단의 일원인 곱슬머리 여학생이 손을 들었다. 그는 소울 퀸의 절친한 친구다. 그렇게 남녀 듀엣을 세 명이 부르게 되었다.

「페어리테일 오브 뉴욕」은 뉴욕으로 이주한 아일랜드인 커플의 노래로 두 남녀가 번갈아서 부른다. 아일랜드인 커플이 성공을 위해 미국으로 이주하지만 젊은 시절의 꿈은 깨지고 어느덧 나이를 먹어 보잘것없는 날들을 보내고 있다. 두 사람은 크리스마스에 심한 말로 서로를 욕하지만, 마지막에는 '당신 없이는 살아갈 수 없어.'라고 사랑을 회복한다. 가사 중 부부 싸움을 하는 부분에 정치적 올바름의 관점에서 문제시하는 두 단어가 등장한다.

그렇지만 무대 위의 세 가수는 두 단어를 바꾸지 않고 원곡 그대로 노래했다. 그야말로 우등생 같은 학생회장이 "슬럿(헤픈 계집)"이라고, 소울 퀸과 그 친구는 "패것(게이 새끼)"이라고 또렷하게 불렀다.

수십 년 전 BBC 라디오가 이 노래를 검열하여 '삐' 하는 소리를 넣었을 때, 당시 내가 자주 가던 바의 게이 사장이 했던 말을 떠올렸다.

"나는 정말 좋아하는 노래니까 이상하게 손대서 망치지 않았으면 좋겠어. 남을 욕할 때 '패것'이라는 단어를 대수롭지 않게 썼던 시대가 있었던 걸 잊어서도 안 된다고 생각하고. 하지만 이 노래를 외운 어린아이가 '패것'이라면서 즐겁게 큰 소리로 노래 부르는 건 역시 보고 싶지 않아. 어른은 이말이 어떤 말인지 아이들에게 제대로 설명해야 해."

몇 년 전까지, 아니, 불과 1년 전까지 별생각 없이 쓰던 표현이 문제시되었다. 수많은 의견이 오가며 이 표현은 더 이상 쓰지 말자고 했지만, 역시 금지하는 건 지나치다는 쪽으로 결론이 내려졌다. 그래서 그 논쟁은 이제 끝났다고 모두가 잊었는데, 수십 년이 지나서 또다시 똑같은 논쟁이 시작되었다.

정치적 올바름은 누군가가 독선적으로 정하는 것이 아니라 오랜 논의와 역사가 쌓이면서 변화하는 것이다. 작은 지방 도시의 중학교에서 벌어지는 일도 마찬가지다. 올해는 이렇게 노래했지만, 내년에는 어떻게 될지 모른다. 더 이상 노래하려는 아이가 없을지도 모르고, 연주하기 싫어하는 아이들이 다수파가 될지도 모른다. 가사가 바뀔 수도 있고, 아니면 이대로 10년 후, 20년 후까지 계속 불릴 수도 있다.

설령 오늘날 영국과 아일랜드에서 '가장 좋아하는 크리스마스 노래' 1위에 종종 꼽히는 노래라고 해도, 결코 예외일 수는 없다. 우리는 이리저리 헤매면서 더듬더듬 나아가는 수밖에 없다.

무대 위에서는 소울 퀸이 작은 고무공처럼 몸을 튀기면서 훌쩍 키가 큰 친구와 학생회장의 보호를 받듯이 그들에게 둘러싸인 채 기분 좋게 「페어리테일 오브 뉴욕」을 불렀다.

콘서트가 끝나고 학교 밖으로 나와서 보니 꽤 세차게 비가 내리고 있었다. 나와 아들은 빗속을 걸어서 집에 돌아갈 수밖에 없었다. 배우자는 야간 근무가 있어서 콘서트 도중에 먼저 일을 나갔기 때문이다.

강한 비바람으로 우산이 뒤집히는 걸 막으면서 둘이 터벅터벅 길을 걸어갔다. 밝은 큰길로 나가자 우리 옆에 자동차 한 대가 슬금슬금 오더니 멈춰 섰다.

"타고 갈래? 집까지 데려다줄게."

조수석 창문을 열고 아들에게 말은 건 사람은 음악부의 소울 퀸이었다. 그 옆에는 멋스러운 모자를 쓴 아이의 아빠가 핸들을 잡은 채 미소 짓고 있었다.

"그래도 돼요?"

아들이 물어보자 소울 퀸의 아빠가 양팔을 벌리며 "당연하지!"라고 반겨주었다.

"감사합니다. 덕분에 살았네요."

그렇게 인사하면서 나도 아들을 따라 뒷자리에 앉았다.

"대단한 일도 아닌 걸요."

그가 신사적인 말투로 말해주었다.

"어젯밤 연주가 더 좋았어. 모든 곡이. 그렇지 않아?"

조수석의 소울 퀸이 돌아보면서 뒷자리의 아들에게 말을 걸었다. 음악부의 크리스마스 콘서트는 이틀 연속 열리는데, 오늘이 둘째 날이었다.

"응, 아무래도 다들 지친 거 같아. 이번 주는 리허설에 시험에 바빴으니까."

아들이 답했다.

자동차는 한동안 큰길을 달렸다. 소울 퀸의 아빠에게 "아, 저기서 우회전을 하고 그 뒤에는 쭉 직진해주세요."라는 둥 길을 설명하다 보니 금세 우리 집 앞에 도착했다.

"고마워."

아들의 인사에 소울 퀸이 싱긋 웃었다.

"나야말로 곡을 양보해줘서 고마워. 그게 없었으면 출연하지 못했을 거야."

뭐? 한순간 의아했다. 우리는 두 사람에게 작별 인사를 건넨 뒤 현관문을 열고 집 안으로 들어갔다.

"혹시 그 아이가 랩을 한 곡, 네가 만든 거야?"

내가 물어보자 아들이 답했다.

"응, 정확하게는 나랑 팀. 우리가 오디션에서 떨어진 곡인데 재가 랩을 한다고 해서 줬어."

"아아, 그렇구나."

"재가 우리보다 훨씬 잘하고 멋있으니까 결국 다행이었던 것 같아."

"팀은 그래도 상관없다고 했어?"

"응… 상관없다고 할까, 두 사람 사귀는 사이니까. 주말에도 영화 보러 가는 것 같아."

뭐? 또다시 의아했지만, 나는 냉정하려 노력하며 "목욕하고 자."라고 말했다.

통통거리며 계단을 올라가던 아들이 도중에 나를 돌아보며 말했다.

"말해두는데, 나는 아직 여자친구 없어."

이것 참, 내 생각을 전부 읽고 있구나.

2019년도 며칠 남지 않았다. 아무래도 우리 집 역시 새로운 10년을 맞이할 듯싶다. 새로운 시대는 항상 모르는 사이에 찾아든다.

11

네 버 엔 딩 스 토 리

비가 억수같이 내리던 밤이었다.

옆집 앞 도로에 자동차 한 대가 멈춰 서더니 전조등을 켠 채 한참 동안 움직이지 않았다. 처음 그 차를 눈치챈 사람은 아들이었다.

"기분 나쁜데. 옆집 앞에 웬 차가 계속 서 있어."

"뭐?"

2층 창문으로 내려다보니 정말 차가 있었다.

"친구나 아는 사람이겠지."

"하지만 벌써 30분 넘게 서 있어. 축구 시합이 시작할 때 부터 저기 있었거든."

왠지 나쁜 예감이 들었다.

실은 옆집에 이사 온 가족에게 문제가 생겼기 때문이다.

크리스마스 직후에 아기 아빠가 집을 나갔고 지금은 아기와 엄마만 살고 있다. 폴란드 출신임에도 거의 억양이 느껴지지 않는 완벽한 영어를 구사하는 젊은 엄마는 남편이 나가고 며칠 뒤 우리 집에 찾아왔다.

"앞으로 아이랑 저 둘이서 살게 됐어요. 육아휴직을 일찍 끝내고 직장으로 복귀하려고요. 전에 보육사로 일했다고 하셨죠? 혹시 제 아이의 베이비시터를 해주실 수는 없을까요?"

재무설계사로 일한다는 그가 내게 제안했다.

"지금은 다른 일로 좀 바빠서 아기를 돌볼 여유가 없어요…."

나는 그렇게 거절했다. 하지만 그때 그의 한쪽 눈 아래에 다크서클치고 너무 짙게 멍 같은 자국이 있어서 그 뒤로도 계속 신경을 쓰고 있었다.

아기의 부친은 훤칠하고 따뜻해 보이는 남자였는데, 실은 꽤 고성을 지르는 사람이라는 걸 벽 너머에서 들리는 소리로 알게 되었다.

혹시 그 남자가 돌아와서 옆집을 몰래 살피고 있는 걸까, 직감적으로 그를 떠올렸다. 아기 엄마는 자동차의 존재를 알고 있을까.

생후 몇 개월 된 아기를 안고 있는 모든 엄마가 그렇듯이,

그도 줄곧 수면 부족이라 기회가 있으면 한 시간이든 두 시간이든 눈을 붙인다고 했다. 그 때문에 최근 들어 옆집의 모든 창문에는 블라인드가 항상 내려가 있다.

차에서 누군가 내려 옆집으로 들어가려고 하면 어쩌지… 멋대로 이런 생각들을 하며 태세를 갖추고 있었는데, 다시 창밖을 내다보니 자동차가 사라져 있었다.

"아마 아기 아빠는 아니었을걸."

이튿날 아침, 야근 근무를 마치고 돌아온 배우자가 말했다.

"며칠 전에 출근하는데 그날도 전조등을 켠 자동차가 옆집 앞에 서 있더라고… 차 안을 엿봤는데 그 사람이 담배를 피우고 있었어."

배우자에 따르면 '그 사람'이란 전에 옆집에 살았던 가족의 엄마였다.

"어, 또 왜?"

"후회하는 거 아닐까. 이사한 걸."

"…."

배우자는 "뭐 하는 거야?"라고 말을 걸었다고 한다. 그는 이사 간 집에서 험한 꼴을 당한 모양이었다. 이사하자마자 보일러가 고장 나서 온수가 나오지 않았고, 습기가 집 안에 가득해서 창문 주위에 곰팡이가 슬었다고 한다. 결정적으로 정원 한구석에는 말벌 둥지가 있었다. 정원 일을 도와주러 온 아들이 벌에 쏘여서 큰일을 겪었고, 결국에는 큰돈을 들여 민간 구제업자를 불렀다고 한다.

"짧은 기간이었는데, 정말 일이 많기도 했네."

"집 전체에서 나쁜 기운이 느껴진다고 몇 번이나 말하더라고."

"아, 그런 걸 엄청 신경 쓰는 사람이었지."

그는 집을 부동산에 내놓기 조금 전부터 툭하면 집 안에 틀어박혔다. 다른 도시에 사는 아들은 엄마를 걱정해서 항상 배우자나 내게 그의 상태를 묻고는 했다.

어느 날, 잘 지내고 있나 옆집에 갔다가 그가 주방에 거대한 벽화를 그리는 걸 보고 깜짝 놀란 적이 있었다. 크고 작은 수많은 캔버스에도 풍경화가 그려져 있었다. 어린 시절 그림을 잘 그린다고 선생님께 칭찬받았던 게 떠올라서 집에 틀어박혀 종일 그림만 그린 것이었다.

진짜로 그림 실력이 뛰어나서 놀라기도 했다. (구) 옆집 엄마는 가구든 뭐든 뚝딱 만드는 사람이었는데, (애초에 주방부터 그가 직접 증축한 방이었다.) 그와 같은 육체노동파는 공예와 예술에 소질을 타고나는지도 모르겠다. 후쿠오카에 있는 내 아버지 역시 틈만 나면 본가의 정원 벽에 모르타

르를 이용해서 해변의 풍경이나 시바견 등을 입체적인 그림으로 표현했기 때문이다. 내 아버지가 브라이턴에 왔을 때는 옆집 엄마와 묘하게 의기투합하기도 했다.

다만, 내 아버지와 그 사이에는 좀 다른 점이 있었다. 그는 자신에게 그림을 그리게 하는 것이 빅토리아 시대에 요절한 화가의 유령이라고 믿었다. 어느 골동품 시장에서 작은 유화를 사 왔는데 그 그림의 화가가 자신에게 내려와서 그림을 그리게 되었다고 진지하게 말했다. 아무래도 그의 아들과 상담할 수밖에 없었다.

"아뇨, 꽤 오래전부터 엄마한테는 그런 구석이 있었어요."

그의 아들은 단호하게 말했다. 아주 어렸을 때부터 엄마의 양극성 장애와 함께 지냈던 사람다웠다. 그가 10대 때 온갖 일에 반항하고 학교 안팎에서 날뛴 이유 중에는 엄마와 살며 겪는 어려움에서 도망치려던 것도 어느 정도 있었으리라. 얄궂게도 그처럼 거친 10대를 보내지 않았고 분별이 있었던 누나는 결국 브라이턴에서 멀리 떨어진 북부의 도시로 이사했다.

그 가족은 모두 옆집에서 태어나 자라난 사람들이다. 아이들을 떠나보낸 뒤에도 엄마는 그 집에서 홀로 살았다. 그는 자신의 잠자리로 오직 그 집밖에 몰랐다.

"다른 집에서 눈뜨는 첫날 아침에 어떤 기분일까 상상해 보고 있어."

그가 이사를 앞두고 불안한 듯이 내뱉었던 그 말이 문득 생각났다.

이웃과 이웃

집이란 생각해보면 불가사의한 장소다.

일본의 경우, 목조주택은 그렇게 오래 유지할 것이 아니라서 수십 년마다 새로 짓는다. 그에 비해 영국에는 지은 지 100년 넘은 주택이 여기저기 널려 있다. 그래서 우리 동네에 있는 집들에도 여러 시대에 걸쳐 여러 가족이 살아왔던 기나긴 역사의 흔적이 남아 있다.

옆집은 구 공영주택이니 비교적 새집이다. 2차 세계대전 후 이 나라가 '요람에서 무덤까지' 보장하는 복지국가를 목표할 때 지어졌고, 그 뒤로 쭉 같은 가족이 살았다. 하지만 브렉시트 전야라고 할 수 있는 시기에 폴란드인 가족에게 팔렸다. '곰곰이 생각해보니 상징적이네. 하지만 구체적으로 뭘 상징하는 걸까.' 이런 생각을 하며 슈퍼마켓에서 집으로 걸어왔는데 또 옆집 앞에 자동차가 서 있었다.

운전석에 앉아 있는 사람은 역시 낯익은 여성이었다. 나는 운전석 차창으로 다가가 노크했다.

한순간 놀란 듯했던 그는 피곤해 보이는 웃음을 지으며 차창을 열었다.

"헬로." 나는 밝게 보이려 노력하며 인사했다.

"하이." 그도 웃으며 답했다.

"뭐 하는 거야, 이런 데서." 나는 정말로 놀란 사람처럼 물어보았다.

"…나도 모르게 여기로 와버렸어." 그의 눈에 살짝 눈물이 고여 있었다.

"우리 집에 차 마시러 갈래?" 내가 제안해봤지만 그는 고개를 가로저으며 "고마워."라고 인사하고는 차를 몰고 떠나갔다.

집에 돌아와서 그의 아들에게 휴대전화 메시지를 보냈다.

"네 엄마랑 만났어. 요즘 옆집 앞에 자주 와."

바로 답장이 왔다.

"고마워요. 오늘 밤에 전화해볼게요. 최근에 계속 울적했으니까."

그런데 그가 차를 운전해서 보러 온 곳이 예전에 살던 집

만이 아니라는 걸 알게 되었다.

"학교 끝나고 친구랑 교문으로 나오는데 전에 옆집에 살던 할머니가 있었어."

아들이 이렇게 증언했기 때문이다. 아무래도 집뿐만 아니라 이 지역에 대한 추억이나 미련 같은 것이 넘쳐흐른 모양이었다.

"그 중학교에 좋은 추억은 별로 없을 것 같은데. 아들이 대단한 사고뭉치라 툭하면 불려 가서 사과했으니까."

배우자가 웃으며 말했다.

"좋든 나쁘든, 그런 건 상관없이 전부 그리운 거야."

"예순 넘을 때까지 한 동네밖에 모르고 계속 같은 집에 살았던 사람이 갑자기 전혀 모르는 곳으로 이사를 간다고 해서 엄청 큰일을 저지른다고 생각하긴 했어. 집을 팔았을 때 말이야."

"사실은 팔고 싶지 않았던 거야."

"그런 건 빤히 보였잖아. 갑자기 그림을 잔뜩 그린 것도 마음을 달래려고 그랬는지 몰라."

"팔고 싶지 않은데, 왜 집을 판 거야?"

거실에서 텔레비전 게임을 하던 아들이 돌아보면서 물었다.

"자식들이 집을 사는 걸 돕고 싶었겠지. 집을 살 때는 계약금이라는 게 필요하거든. 자기 집을 팔아서 자식들한테 돈을 주고 싶었던 거야."

"그 때문에 자기는 낯선 곳으로 이사 가서 슬픈데?"

아들이 납득할 수 없다는 듯이 말하기에 내가 끼어들었다.

"부모라는 건 말이지. 그렇게 아이를 위해 자기를 희생하기도 해."

잠자코 생각하던 아들이 내게 물어보았다.

"엄마도, 그럴 거야?"

아들이 가만히 내 얼굴을 보기에 나는 단호하게 답했다.

"아니, 안 해."

아들은 깔깔거리며 웃고는 텔레비전을 향해 앉아서 다시 게임을 시작했다.

"나도 안 하는 게 좋다고 생각해. 부모가 그러는 게 아이한테는 무거운 부담이니까. 부모는 부모대로 즐겁게 살아주는 게 아이에게도 행복이라고 생각해."

아이의 말대로 옆집 아들은 모친을 무척 걱정하고 있다. 지난 주말에는 모친의 새로운 집을 방문해서 모친이 상태가 좋지 않다고 불평하는 집 안 곳곳을 점검하고 고칠 수 있는 것은 전부 고쳤다고 한다.

"이사한 뒤로 엄마가 건망증이 심해졌어요. 좀 인지저하증

환자 같은 표정을 짓기도 하고."

옆집 아들이 전화로 내게 말했다.

"근처에 친구가 없어서 그럴 거야. 말동무가 없어서 종일 집에만 있으면 누구나 그렇게 돼."

내 말에 그는 거의 한숨을 내쉬듯 괴로워하는 말투로 말했다.

"돈 같은 건 필요 없으니까 다시 한 번 그 집을 되살 수 없을까 생각도 해요. 하지만 누나는 벌써 자기 집을 살 생각이 가득해서 파트너랑 집을 보러 다닐 정도라 나 혼자 결단해봤자 소용없어요…."

"아냐, 옆집도 이미 새로운 사람이 살고 있는데 이제 와서 다시 살 수는 없어. 앞을 보면서 나아가야지. 뒤가 아니라."

이렇게 말하고 전화를 끊었지만 앞을 봐도 어려운 일이 많겠다 싶었다. 현재의 이웃 역시 이사 왔을 때는 3인 가족이었지만, 불과 두 달 만에 싱글 맘과 아이라는 2인 가족이 되었고, 항상 블라인드를 내린 채 지내고 있다. 그들에게도 이런저런 일이 있겠지.

우리는 어려움 속에서 살아간다.

길고 구불구불한 길

어려움은 우리 집에도 찾아들었다.

혹한이 닥친 1월, 난방에 문제가 생긴 것이다.

영국의 중앙난방은 보일러가 물을 데우면 그 따뜻한 물이 파이프를 타고 각 방의 라디에이터로 가서 방 안을 따뜻하게 하는 구조로 작동한다. 우리 집은 그 파이프 중 어딘가가 막힌 모양이었다. 모든 방의 바닥을 뜯어내는 대규모 공사가 필요하다고 했다. '에에!'라며 동요하는 사이에 이번에는 보일러까지 고장 나서 따뜻한 물을 쓸 수 없게 되었다.

과거 20년 넘게 고장 난 적이 없었기에 수리든 뭐든 한 번도 안 했던 난방 시스템이었다. 전부 교체해야 하는 시기네요, 하고 이야기가 진행되어 우리도 일시적으로 이사를 해야 했다. 그래서 어차피 이사할 거면 이참에 망가진 부분을 전부 수리하자고 건설업자를 불러 점검을 받았다. 그 결과 우리 집에는 석면이라는 유해 물질이 포함된 건축재가 쓰였다는 게 판명되었다. 그 건축재를 전부 철거해야 한다고 해서 이건 정말로 큰 공사가 되겠구나 싶었다. 안 그래도 영국의 주택 공사는 진행이 느리다. 아마 몇 달은 걸릴 것이다.

주 단위나 월 단위로 임대할 수 있는 집을 알아봤지만, 휴가철에 쓰이는 호화로운 저택들이라 임대료가 섬뜩할 만큼 비쌌다. 그러던 와중에 아들네 학교 선생님 한 분이 "친척이 얼마 전 호주로 이사했다."라는 솔깃한 정보를 주어서 그 집을 빌리기로 했다.

그렇지만 그 집 역시 실내 인테리어 공사를 하고 있어서 1월 말까지는 들어갈 수 없었다. 난방은 휴대용 난로 등으로 견딜 수 있었지만 온수를 쓰지 못하는 건 괴로웠다. 그러던 때, "우리 집에서 샤워하세요."라고 말해준 것은 (현) 옆집 엄마였다.

그는 "힘들 때는 서로 도와야죠."라면서 흔쾌히 우리를 맞이해주었다. 하지만 3인 가족이 매일매일 줄줄이 가는 건 부끄러웠기에 일주일에 며칠은 시민 수영장에서 샤워를 했다. 그래도 여러 번 드나들다 보니 그와는 마음을 터놓고 이야기하는 사이가 되었다.

그는 벌써 아기의 교육을 신경 쓰는 듯, 아들에게 인근 학교에 대해 이것저것 물어보았다. 아들이 이 지역 명문인 가톨릭 초등학교를 나왔다는 걸 알고는 눈을 반짝이면서 지원하려면 어떤 서류가 필요한지 물어보았다. 교구의 신부가 추천서를 써줘야 한다고 하자 그는 신부를 소개해달라고 했고,

그 주 일요일에 함께 성당에 갔다. 그도 아이를 가톨릭계 학교에 보내기 위해서 갓난아기를 데리고 매주 미사에 다니는 부모들 중 한 명이 된 것이다.

"왜 가톨릭 중학교에 가지 않았어?"

그는 진심으로 이해할 수 없다는 듯이 아들에게 물어보았다.

폴란드에서 이주해 재무설계사로 일하며 혼자 주택담보대출을 상환하고 아이를 키우려 하는 여성이다. 동유럽에서 이 나라에 온 젊은 사람들 대부분이 그렇듯이 그 역시 유능하고 상승 욕구가 강한 것 같았다.

"가톨릭 학교는 멀어서 다니려면 버스를 갈아타야 하고 힘들거든요…. 우리 엄마는 운전을 못하고요."

아들이 답했다.

"이유가 그것뿐이야? 친구들은 전부 가톨릭 중학교에 입학하지 않았어?"

"네."

"친구들이랑 같은 학교에 가고 싶지 않았어?"

"…"

생각보다 단도직입적인 사람이구나. 아들은 좀 말문이 막힌 모양이었다.

"가기 싫었던 건 아닌데… 그래도 금방 새 친구들이 생겼어요. 그리고 지금도 가톨릭 학교 친구들이랑 인스타그램으로 연락하고요."

아들은 샤워를 마치고 수건으로 머리카락의 물기를 닦으며 말했다. 잘 모르는 사람한테 무난하고 사교적인 답을 하는 말투였다. 저 아이도 어른이 다 됐네 하고 감탄했다.

"흠, 그렇구나."

그에 비해 폴란드인 엄마는 무난하게 넘어가려는 말투가 아니었다. '아깝다. 가톨릭 중학교에 가는 게 좋았을 텐데.' 하는 감정이 엿보였다.

"당신도 괜찮았어요?"

그는 나를 돌아보며 물었다.

"굳이 말하면 엄마가 동네 중학교를 맘에 들어했어요."

아들이 장난스럽게 웃으며 말했다.

"좋은 학교라고 생각했으니까. 물론 가톨릭 중학교는 성적이 우수하고 좋은 학교지만, 동네 중학교에도 다른 의미의 좋은 점이 있어요. 가톨릭 중학교에서는 배울 수 없는 걸 배우지 않을까 싶었거든요."

폴란드인 엄마는 진심으로 뜻밖이라는 표정을 지으며 내 말을 들었다.

"비틀즈의 폴 매카트니는 첫 결혼에서 아이들 네 명을 모두 평범한 공립중학교에 보냈다고 해요. 디자이너인 스텔라 매카트니의 인터뷰를 읽은 적이 있는데, 자기도 처음에는 유명인이면서 사립학교에 보내주지 않은 아버지의 결정을 용서할 수 없었지만 지금은 공립중학교에 다닌 게 자기 인생에서 있었던 가장 좋은 일이라고 생각한대요. 자신과 다른 세계에서 살아가는 사람들을 아는 건 건강한 일이라고요."

내 말을 들은 폴란드인 엄마는 탁자에 턱을 괴며 말했다.

"그런 건 오래전 낭만적인 시대의 이야기인 줄 알았어요."

무언가 더 말하고 싶은 듯한 말투였지만, 아들도 함께 있기 때문인지 그는 더 이상 그 이야기를 하지 않았다.

옆집 엄마의 표정을 보니 무슨 말을 하고 싶은지 대충 알 것 같았다.

오늘날은 그렇게 태평한 소리를 할 수 있는 시대가 아니다. 좋은 학교에 다니고 좋은 대학교에 입학해도 일자리를 찾기 어려운 시대다. 지금 부모가 아이를 위해 할 수 있는 건 가능한 최고의 교육을 받게 해주는 것이다. 애초에 폴 매카트니 같은 사람들은 자신의 교육 이념 때문에 아이가 실패한다해도 평생 아이를 책임질 수 있는 재력이 있다. 서민이 참고할 만한 사례가 아니다.

이 젊은 여성은 현실주의자구나. 과연 돈을 전문적으로 다루는 사람다웠다. 그리고 이런 사람과 대화하는 것을 나는 별로 싫어하지 않는다.

집으로 돌아와 아들에게 물어보았다.

"엄마가 낭만적이라고 생각해?"

"하하하, 옆집에서 그랬지. 그러게, 전혀 낭만적이지 않을 때도 있고, 낭만적일 때도 있어. 엄마는 좀 극단적인가."

아들의 말을 듣고 나는 다른 질문을 했다.

"가톨릭 중학교에 가지 않은 거, 후회하고 있어?"

아들은 내 얼굴을 보면서 좀 고민하는 표정을 지었다가 답했다.

"몰라."

머리를 세게 얻어맞은 것 같았다.

1년 전쯤 같은 질문을 했을 때는 망설이지 않고 "지금 학교로 하길 잘했어."라고 답했기 때문이다. 이번에도 같은 답을 하리라 예상했던 내가 충격받은 걸 눈치챘는지 아들이 말을 이었다.

"교실에서 '왜 너는 좋은 초등학교를 다녔으면서 여기 있어?'라는 말을 들으면, '아아, 나는 큰 실수를 했구나.' 하는 생각이 들어. 음악부에서 밴드 연습을 하고 있으면 '가톨릭 학교에서는 이렇게 못했을 거야.'라고 생각하고. 어느 쪽을 선택해야 옳았는지 난 몰라. 나한테 일어나는 일은 매일 바뀌고, 내 마음도 매일 바뀌거든."

"…"

"하지만 '라이프'란, 그런 거잖아. 후회하는 날도 있다가 후회하지 않는 날도 있다가. 그게 계속 반복되는 거 아냐?"

'인생'이라고 번역하고 싶지 않을 만큼 열세 살 아들이 '라이프' 같은 말을 하는 건 너무 시기상조로 느껴졌다. 하지만 이런 말을 할 만큼 지금 아들의 '라이프'에는 내가 모르는 곳에서 이런저런 일들이 일어나고 있겠구나 생각했다.

그리고 아들은 더 이상 그 일을 내게 들려주지 않는다.

하지만 그걸로 됐다. 드디어 그도 진짜 사춘기에 돌입한 것이다.

옆집에서 갓난아기의 울음소리가 들렸다. 갑자기 휴대전화에서 소리가 나서 보니 (구) 옆집 아들이 보낸 메시지가 와 있었다.

"좀 전에 엄마를 보고 왔어요. 오늘은 꽤 기운이 있네요."

어머니들과 아이들, 그들 각각의 라이프를 생각해보았다.

라이프는 계속될 것이다. 가까워졌다가 멀어졌다가, 변화를 반복하며 계속될 것이다.

어느새 2층에 올라간 아들이 기타를 치기 시작했다. 비틀즈의 「더 롱 앤드 와인딩 로드The Long And Winding Road」 같아서 절묘한 선곡이라고 생각했다. 하지만 잘 들어보니 전혀 다른 곡이었다. 요즘 유행하는 새로운 밴드의 곡일 수도, 아니면 아들이 만든 곡일 수도 있었다.

어느 쪽이든, 그것은 이제 내가 모르는 곡이었다.

브래디 미카코 Brady Mikako

1965년 일본 후쿠오카현 출생. 팝 음악에 심취해 고등학교 졸업 후 아르바이트와 영국 체류를 반복했고, 1996년부터는 영국에서 살고 있다. 런던의 일본계 기업에서 일하다 보육사 자격증을 취득했고, 빈곤 지역의 탁아소에서 일하며 작가 활동을 시작했다.

『아이들의 계급투쟁』으로 2017년 제16회 신초다큐멘터리상을 수상했고, 2018년 오야소이치 기념 일본 논픽션 대상 최종 후보에 올랐다. 『나는 옐로에 화이트에 약간 블루』로 2019년 제73회 마이니치출판문화상 특별상, 제2회 서점대상 논픽션 부문 대상, 제7회 북로그 대상(에세이·논픽션 부문)을 수상했다. '나는 옐로에 화이트에 약간 블루' 시리즈는 일본에서 총 100만 부 이상 판매되었다. 그 밖에 지은 책으로 『인생이 우리를 속일지라도』 『타인의 신발을 신어보다』 『여자들의 테러』 『양손에 토카레프』 『인생은, 음악이다』 『여자들의 폴리틱스』 등이 있다.

김영현

출판 기획편집자로 다양한 분야의 책을 만들었고, 현재는 일본어 번역을 하고 있다. 옮긴 책으로 『매일 의존하며 살아갑니다』 『나는 옐로에 화이트에 약간 블루』 『서로 다른 기념일』 『나를 돌보는 책』 『우연의 질병, 필연의 죽음』 『오작동하는 뇌』 『지속 불가능 자본주의』 『은하의 한구석에서 과학을 이야기하다』 『목소리 순례』 『먹는 것과 싸는 것』 『마이너리티 디자인』 등이 있다.

나는 옐로에 화이트에 약간 블루 2

다양성 너머 심오한 세계

초판 1쇄 발행 2022년 8월 11일
초판 2쇄 발행 2023년 5월 15일

지은이 브래디 미카코
옮긴이 김영현
펴낸이 김효근
책임편집 김남희
펴낸곳 다다서재
등록 제2019-000075호(2019년 4월 29일)
전화 031-923-7414
팩스 031-919-7414
메일 book@dadalibro.com
인스타그램 @dada_libro

한국어판 ⓒ 다다서재 2022
ISBN 979-11-91716-13-9 03300